艺术学研究文丛

《升仙太子碑》源流考

赵汗青 ◎ 著

中原出版传媒集团

中原传媒股份公司

河南美术出版社

· 郑州 ·

序　言

唐代碑刻是中国宝贵的文化遗产，更是中国书法艺术重要的组成部分。作为石刻文字，它展现了大唐帝国一定的辉煌历史；作为艺术，它又标志着中国中古时期书法发展的完备与成熟。

碑刻一般指石刻文字，即以石质材料为载体的文献记录与书法表现形式，主要包含碑、墓志铭、摩崖石刻等三大宗，以及经幢、塔铭、造像题记等[1]。在诸多形式的碑刻中，以碑最为独立，最为成熟。说其独立，是谓其基本形式为一棱柱体，竖于天地之间，不似摩崖附着于自然山体，不似墓志埋藏于幽冥之界，亦不似经幢、塔铭从属于宗教物体。说其成熟，是谓其碑座、碑身、碑首组合成一体，纹样、浮雕、图像装饰为一体，在封建时代发展成为一种独特的纪念景观和艺术景观。而这种景观发展的成熟阶段正是在唐代，从作者身份到碑刻内容，从样式装饰到文字书法，都呈现出多样性特点，在多样性的背后，正展现出其发展的成熟性。

首先，是书碑阶层的广泛性。汉魏时代的碑刻，基本都是无名之作或是名不见经传的书吏所作。至南北朝时期，开始出现品秩较高的官员书碑以及帝王御制碑文的情况，但也只是萌芽阶段，绝大多数原碑并未留存下来。进入唐代之后，帝王将相、达官显贵广泛参与到碑刻的撰写、书丹中去，并于碑石之上正式题名，表明碑刻这种纪念

【1】本书中所使用的"碑刻"一词，如无特殊说明，即代指"碑"这一类作品。

物在高层统治者们心中被认同，由此直接推动了一批批书法名家的产生。唐太宗、高宗、武则天、中宗、睿宗、玄宗、代宗、顺宗等皇帝均有御书碑迹留存至今，那些我们耳熟能详的名家作品更不必赘述。唐碑的书写阶层广泛，甚至出现了女性参与书碑的现象[1]，唐朝也成了中国历史上最重视书法的朝代。

其次，是碑刻内容的丰富性。唐碑按照其内容大致可以分为三类：一是墓碑，为纪念先贤或者亲属。二是宗教性碑刻，包括寺观庙宇营建的纪事碑、高僧或者神仙的纪念碑以及与供养有关的造像碑。三是政治性碑刻，包括记录帝王功业的纪功碑、记录官员功绩的德政碑、与儒家教育有关的经文碑以及与少数民族军事、外交有关的碑刻。特别是德政碑与少数民族碑刻，在唐代独树一帜，这与唐朝特殊的国情有极大关系。可以说唐碑的留存，是珍贵的唐代历史化石，作为石质文献史料，穿越千年，成为我们今天了解那个时代的渠道和窗口。

再次，是碑刻风格的多样性。初唐时期，螭首碑已经发展成熟，六螭下垂成为唐碑碑首的经典样式，后来又出现了更为华美的殿堂式云台式顶（如《述圣纪碑》《石台孝经碑》的碑首），彰显出纪念碑的隆重感。唐碑碑座常见的形式有龟趺和方趺两种，碑体装饰也从起初的线刻纹样发展到后来的浮雕图像。碑身虽然形状固定，但也从常见的阴阳两面刻发展到四面环刻。此外，碑的高度也在不断增高，汉魏碑刻的高度一般在两三米左右，南北朝时期碑刻高者，如南朝梁武帝普通三年（522）的《始兴忠武王碑》，通高达到5.6米。初唐时期碑的高度又有了明显突破，唐高宗时的《孝敬皇帝睿德纪碑》和《李勣碑》分别达到7.23米和7.5米；武则天为其父武士彟和其母杨氏所立

【1】山西省交城县石壁山玄中寺中有开元二十九年（741）所立《石壁寺铁弥勒像颂碑》（现存为金代重刻本），书者为"太原府参军房璘妻渤海高氏"。

的《大周无上孝明高皇帝碑》和《大周无上孝明高皇后碑》，其高度均超过了10米。晚唐时期河北大名的《何进滔德政碑》，高度达到了12米。一次次高度刷新的背后，是唐代统治阶层对纪念碑的重视：镂于贞石，立于天地，通于神明，垂于后世。

最后，是书法字体的全面性。唐碑之中古文、小篆、隶书、楷书、行草、飞白等各种字体俱全，这反映出三个方面的问题。一是唐人对碑刻艺术性的重视，如果说汉魏碑刻选取篆书、隶书、楷书等正体文字作为庄重严肃的表达，那么唐人把行草、草书、飞白引入到碑刻当中，既是时代风气的推动和观念认知的变化，也是艺术审美的提升。二是唐碑对于字形的规范，清代学者包世臣总结：魏碑出之自在，唐碑出之矜持。唐代书法中碑版形式的存在，客观上规范甚至规定了汉字的书写原则，成就了法度森严的庙堂气象，也完成了字体形态的演变发展。三是唐人打通了各种字体的笔法，这也是书法艺术发展过程中的必然现象。如被誉为唐代奇书的《碧落碑》，就是用铁线篆的笔法书写先秦古文；唐玄宗时复兴隶书，却是用楷书笔法书写隶书，造就出一批传世名作。

本书以武周圣历二年（699）所立《升仙太子碑》为研究对象。之所以选择此碑，原因在于它有这样几点特殊性：

1.这是中国正史中唯一的女皇帝武则天留下的唯一御书碑，是研究道教史和武则天晚年道教信仰的重要材料。

2.这是中国现存公元8世纪之前的单体碑刻中，高度排名第四位，同时也是祠庙类碑刻中排名第一位的石碑，是研究武则天时代穹碑巨制的重要材料。

3.此碑涉及武则天、薛稷、薛曜、钟绍京等多位书法家，以及飞白、行草、楷书、武周新字等多种书体、字体，是研究唐代书法史的重要材料。

4.此碑先后被反复凿刻多次，涉及李弘、李旦、张昌宗等历史人物，以及封禅嵩山、石淙会饮、神龙政变、先天政变等历史事件，是研究初唐至武周宫廷政治史的重要材料。

本书共分为十部分，第一部分为绪论，介绍《升仙太子碑》的作者——一代女皇武则天，对其家庭背景、性格经历、历史功绩等方面作概况介绍和评述。第一章介绍《升仙太子碑》的所在位置、碑文内容等基本情况。第二章对《升仙太子碑》的学术史做出评述，梳理文献著录，指出前人研究中已有的观点和存在的问题。第三章讨论竖立《升仙太子碑》的历史原因和过程，并把它置于汉魏至隋唐碑刻发展史的宏大背景中，说明其特殊性。第四章讨论升仙太子的历史原型王子晋，梳理王子晋从先秦至南北朝的历史形象生成过程，并对嵩山地区王子晋信仰来源做出考证。第五章讨论升仙太子的现实原型，从历史、地理、文献、宗教文化等方面证明升仙太子的现实原型应该是武则天的长子孝敬皇帝李弘。而在《升仙太子碑》的竖立过程中，道教茅山宗人物司马承祯起到了不可或缺的作用。第六章讨论《升仙太子碑》的文章，主要分析控鹤监文人的文学以及武则天的宗教信仰问题。第七章讨论《升仙太子碑》的书法，通过帝王书碑的传统，讨论《升仙太子碑》的书法风格，以及飞白碑额、武周新字、薛曜薛稷兄弟等问题。第八章讨论《升仙太子碑》的碑阴情况，针对前代学者争论不休的碑阴中央两列被凿文字和碑阴左上方被凿区域等问题，以及相王李旦刊碑的原因，提出个人见解。第九章介绍升仙太子的信仰发展和升仙太子庙的后世重修状况，以及《升仙太子碑》上的后世题记。

唐代名碑众多，以往人们主要把它们当作习字范本，研习其中的书法价值；或把它们当作石质文献史料，去佐证历史中的某个问题；或研究不同版本的拓片，进行真伪鉴定。而本书则是把古碑作为一个"物"去研究，既涉及碑本身的文字、书法、装饰，又涉及碑之外的历史背景、宗教信仰，还包括古碑在历史长河中的变迁。总之是以古碑自身为中心，兼顾书法史与文化史两大方面，希望为唐代碑刻研究探寻更多的方向，探索出新的写作方式。

赵汗青

2021年3月于北京

目　录

绪论：一代女皇武则天

武则天（624—705），是中国正史中唯一公认的女性皇帝。中西方学界对于这位女皇的现代研究和讨论，皆兴起于20世纪之后，特别是在男女平等的现代社会的背景之下，学界对于武则天的人物形象、功绩过失有了比较充分的认识。其实从历史上对这位女皇的称呼变化就可以看出端倪，古代文献中常用的称谓是"武氏""武后"，进入20世纪以来，人们才选取唐中宗李显为其母所上尊号中的"则天"[1]二字作为这位女皇的现代称谓，彰显大气。

一个人的成就往往离不开出身对于其性格的影响。从骆宾王那篇讨武檄文起首一句"伪临朝武氏者，性非和顺，地实寒微"来看，似乎为武则天的性格与出身下了定义。"性非和顺"是当然，否则也不会谋朝篡位。"地实寒微"却不一定准确，按照陈寅恪、胡戟、雷家骥等历史学者的观点，为武氏家族提出了"寒门新贵"这样一个定位。武则天的父亲武士彟，本为木材商贩，投机于隋末乱世。作为唐高祖李渊册封的元谋功臣之一，可以说自唐王朝建立肇始，武士彟家族就已经迈入了"新贵"行列，否则也不会顺利与传统士族弘农杨氏

【1】"则天"一词的意思是以天为则，语出《孟子·滕文公上》。其中引用孔子对尧的赞美之语："孔子曰：大哉尧之为君，惟天为大，惟尧则之。"参见杨伯峻编著《孟子译注》，中华书局，1962年，第125页。

结亲[1]。而《旧唐书》中对武则天大伯武士稜的介绍却又将武家的"寒门"背景展露无遗："护长兄士稜，性恭顺，勤于稼穑。从起义，官至司农少卿，封宣城县公。常居苑中，委以农圃之事。"[2]对武则天本人来说，她自出生就过上了官宦人家的生活，其童年应该是比较安逸的。在她12岁那年，随着武士彟的去世，武则天母女受到来自武士彟前妻所生武元庆、武元爽兄弟的欺负，也许正是这样一种少年时期的心理阴影，成为武则天后来争强好胜甚至对待亲人心狠手辣的性格缘出。

父亲的突然去世和异母兄长的欺负排挤，成了武则天在14岁进入唐太宗后宫的动因之一。对于入宫这一细节，尽管史料记载未详，但可以推知武则天的母族弘农杨氏（见本书附录1）在其中起到了不可小觑的作用。武则天的外公杨达，是隋朝显贵观德王杨雄的亲弟弟，而杨雄的两个儿子杨恭仁、杨师道在唐高祖、唐太宗两朝先后成为宰相。在武则天入宫的贞观十一年（637），身为唐高祖驸马的杨师道接替魏徵担任门下省首脑侍中一职不久，而此时唐太宗的后宫，至少已经有两位与杨雄家族有关的妃嫔，一为杨雄的外孙女燕妃（即燕德妃），一为杨雄的孙女杨婕妤。此外或许还存在着第三位：齐王李元

【1】关于武则天母亲出身弘农杨氏的说法，主要见于两则史料，一是《旧唐书·后妃传下》记载："玄宗元献皇后杨氏，弘农华阴人。曾祖士达，隋纳言，天授中，以则天母族，追封士达为郑王，赠太尉。"（参见［后晋］刘昫等撰《旧唐书》卷五十二列传第二，中华书局，1975年，第2184页。）一是《新唐书·杨恭仁传》记载："武后母，即恭仁叔父达之女。"（参见［宋］欧阳修、宋祁撰《新唐书》卷一百列传第二十五，中华书局，1975年，第3928页。）在20世纪的现代史学研究中，随着历史学家陈寅恪等学者的认同，武则天母亲出身弘农杨氏成为学界主流观点，但也有学者对此提出质疑（参见黄正建《关于武则天身世的一点猜测》，《武则天研究论文集》，1997年9月）。

【2】参见［后晋］刘昫等撰《旧唐书》卷五十八列传第八，中华书局，1975年，第2317页。

吉妃杨氏[1]。所以武则天入宫的背后，很可能有弘农杨氏为进一步稳固后宫势力的动因。

武则天的一生经历大致如下：

贞观十一年（637），14岁，进入唐太宗后宫。

贞观二十三年（649），26岁，感业寺出家。

永徽二年（651），28岁，进入唐高宗后宫。

永徽六年（655），32岁，成为皇后。

显庆五年（660），37岁，开始代理朝政。

麟德元年（664），41岁，与唐高宗并称"二圣"。

上元元年（674），51岁，与唐高宗并称"天皇""天后"。

弘道元年（683），60岁，成为皇太后，临朝称制。

载初二年（690），67岁，改唐为周，称帝。

神龙元年（705），82岁，年初退位，年末去世。

从以上总结可以看出，武则天的政治生涯是从永徽六年（655）成为唐高宗皇后正式开始的，到神龙元年（705）年初唐中宗李显复辟，共49年。这49年大致可以分为两段，弘道元年（683）之前的28年，是与唐高宗一起度过；之后的21年，是武则天独掌权力。当然独掌权力的21年也可以细分为两段，载初元年（690）建周称帝之前的7年是以皇太后的身份临朝称制，之后的14年正式成为女皇。从"皇

──────────

【1】按《旧唐书·杨恭仁传》："恭仁弟师道尚桂阳公主，从侄女为巢刺王妃。"从此记载来看，齐王李元吉妃杨氏正是杨恭仁、杨师道兄弟的"从侄女"，所以有学者认为这位齐王妃可能是武则天外公杨达的孙女，也就是武则天的亲表姐。从零星史料来看，在唐朝建立之初，武氏家族或许和齐王李元吉的关系走得更近，武则天的伯父武士逸就做过齐王府户曹参军，这也使后人对武士𫘝在唐高祖李渊去世不久后就暴病身亡这一史实形成了相关猜测：武家失去了唐高祖的政治庇护。参见卜孝萱《〈唐太宗入冥记〉与"玄武门之变"》，《敦煌学辑刊》，2000年第2期；司海迪《武士𫘝死亡真相探析》，《山西档案》，2016年第3期。

后"到"女皇"的身份转变，其间走过了35年的努力与积累，到她改元称帝时其实已年近古稀。这就带来了两个问题：一是武则天为什么要当皇帝？二是武则天为什么能够成为皇帝？

第一个问题比较容易回答：对权力的追求。12岁时父亲的去世导致她受到异母兄长的欺负，26岁时唐太宗去世后她被迫出家，这两段早年的挫折对武则天产生了很大的影响。如果说第一段经历造就了她倔强的性格，第二段经历就刺激了她对权力的渴望——如果能生出皇子甚至成为皇后，不就可以安享荣华富贵了吗？至此，武则天追求的也许只是后宫权力。但接下来，在与唐高宗后妃和元老重臣的矛盾斗争中，则进一步激化了她更大的野心。特别是褚遂良以死抗争反对她为皇后，上官仪在她已经成为皇后之后还建议高宗废后，使得她明白拥有了皇后的地位好像也不是百分之百安全。而恰好唐高宗的软弱性格和易病体格，为她冲向权力的顶点提供了最后的助推力。试想武则天如果是逆来顺受的，可能就会选择在青灯古佛旁走完剩下的人生；唐高宗如果具有唐太宗的强势，那武则天最好的结果可能也就是做到皇后、皇太后，不太会有参政的机会。

第二个问题的答案比较复杂。在封建的男权时代，一位女性成为皇帝，可以说是多重因素作用的结果。首先是性别认同的基础，宋人朱熹说："唐源流出于夷狄，故闺门失礼之事不以为异。"[1]隋唐源出北周，北周源出北魏，初唐时人的生活状态、习俗观念还明显受到胡人风气的影响。传自汉族的儒家礼教还未发展到固化状态，女性的地位和自主意识相对于之后的宋明时代明显较高较强。北魏时的冯太后，北齐时的胡太后都曾临朝专政；唐高祖李渊于太原起兵时，其女平阳公主在长安招募义军起事；越王李贞起兵反武时，唐高祖

【1】参见［宋］黎靖德辑《朱子语类》卷第一百三十六，明成化九年陈炜刻本。

的另外一个女儿常乐公主慷慨激昂道："若诸王皆丈夫，不应淹久至是。"【1】统治阶层女性参政的意愿是如此强烈。其实放眼整个东亚，从六世纪末至七世纪中（隋朝至唐高宗时代），朝鲜半岛上的新罗国就出现了善德（632—647年在位）、真德（647—654年在位）两位女王，日本也出现了推古（592—628年在位）、皇极（641—645年，655—661年两次在位）两位女天皇。在这些案例的背后，反映出早期封建制国家形成过程中的一些共同特点，可以说"女主"现象是在封建制国家形态尚未成熟化阶段，一些特定时期的必要过渡。

武则天成为女皇，最关键的一个前提因素在于唐高宗对武则天参政的支持。古代的皇帝往往都想独揽权力，但是在士族门阀时代，常常又存在着宰臣对皇权所形成的压力。唐高宗允许武则天参政，甚至利用武则天的智谋手段打压元老大臣，其实是出于自身的统治需要：把权力分担给妻子，总比分担给大臣可靠。或许更令唐高宗欣慰的是，武则天尽管有些擅权，但对自己的娘家亲属却没有过分提拔，造就新的外戚势力。至少在高宗在位的时候，武则天没有这样做，不失为明智之举。最终，在唐高宗的遗诏中出现了这样一句话："军国大事，有不决者，兼取天后进止。"【2】可见唐高宗把这种长期以来对武则天执政能力的认可，以及潜意识中形成的依赖，保留到了逝世后。

在走向权力顶点的过程中，武则天做了两方面的必要准备：其一，打压旧士族，提拔寒门官员，培植亲信势力。其二，实施酷吏政治，残害宗室子弟，造成无人争位的局面。就打压旧士族来说，不仅武则天，其实这也是唐太宗、唐高宗的政治举措，从《贞观氏族志》

【1】参见［宋］欧阳修、宋祁撰《新唐书》卷八十三列传第八，中华书局，1975年，第3645页。

【2】参见［宋］宋敏求编《唐大诏令集》卷十一，中华书局，2008年，第68页。

到《姓氏录》的颁布，传统的士族门阀逐渐走向瓦解。当然我们也不能就此认定武则天代表的就是寒门庶族的利益。据统计，武则天一生中亲擢的宰相，一半以上还是出身于士族门阀，出身关陇的宰相亦不少。[1] 武则天的智慧之处在于维持士族门阀的基本利益之外，发展科举制度，为更多的寒门士子提供晋升道路，为自己所用。从元人马端临《文献通考》中记载的《唐登科记总目》来看，武则天执政期间录取的进士数量有一千余人，是唐太宗时期的5.6倍。[2] 只有对人才广泛选拔，才更有利于对广袤疆域的帝国进行统治。

如果说打压旧士族是延续太宗、高宗路线，那么任用酷吏、残害宗室就是武则天为自身篡权扫清障碍了。唐高宗去世后的683年到690年之间，武则天基本将高祖、太宗、高宗在世的皇子清理干净，其余宗室也仅剩下零星顺从之辈，从而为自己的上位扫除障碍。及至登基之后，武则天又在天授二年（691）八月至圣历二年（699）十月将自己的嫡孙们长期圈禁，大足元年（701）又在已经决定还政李唐的情况下，间接处死了自己的一对孙子孙女。武则天的一生可以说是追求权力的一生，追求权力的道路又是一条没有止境的路。因为每一次站在更高的权力点上，为了不失去已经拥有的权力，又会迈向更高的权力，也就走到更多人（包括更多亲人）的对立面。于是武则天最终被政变赶下台，在生命将尽之际亲眼看到了自己所创的武周朝结束。

从对国家的责任，社会的贡献角度来说，武则天确实是有功的。她上承贞观，下启开元，其执政期间维持住了唐帝国既有的领土，收复安西四镇，设置北庭都护府，打败后突厥、吐蕃，促使西南少数民族主动归附，边疆得到了巩固和开拓。根据《唐会要》的记载，帝国

【1】参见马俊民《武则天朝宰相考——兼论武则天政权性质及用人政策》，《天津师范大学学报》，1987年第4期。

【2】参见万绳楠《武则天与进士新阶层》，《中国史研究》，1994年第3期。

的户口数在唐高宗永徽三年（652）时是380万户，至武则天退位的神龙元年（705）达到了615.6万户，半世纪左右增长了62%[1]。国家相对稳定，经济平稳发展，这一切都说明了武则天只是专政而非乱政。上元元年（674），正值武则天成为"天后"之际，她为唐高宗上"建言十二事"，内容包括了对待农业、工商、军队、官员以及道德教育各个方面的改革措施，无论这些建议实际执行效果如何，都直接反映出武则天高水平的政治素养和远见卓识。综观武则天的一生，她其实是一位典型的女政治家。她热爱权力，但希望的只是在男权世界里崭露头角，保护自己，证明自己，最终实现自己的政治理想。欧阳修在《新唐书》中评价她"僭于上而治于下"[2]；司马光在《资治通鉴》中评价她"明察善断，故当时英贤亦竞为之用"[3]。可见在宋代理学思想影响的背景之下，对武则天篡国行为不满的欧阳修、司马光也不得不肯定她的政治才能。

武周时期的思想文化领域，有两点值得评述。一是儒道释三教的融合，总的来说，佛教是武则天做女皇帝的意识形态法宝，道教是武则天与李唐王朝合作、和解的基础，儒家则是王朝政权存在的制度来源和舆论保障。三教都是为政治服务，任何英明的统治者都不会一贯偏信哪一家。武则天晚年召集学士编纂大型诗文类书《三教珠英》，这是中国古代最早的一部三教文献汇编。再者就是诗歌的发展，可以说五言律诗正是在武周统治的七世纪末八世纪初发展成熟，沈佺期、宋之问、李峤、杜审言这批进入文学史的明星，也正是从武则天宫廷走出的学士才子。久视元年（700）的"石淙会饮"，更是七言律诗

【1】参见［宋］王溥撰《唐会要》卷八十四，中华书局，1955年，第1550页。

【2】参见［宋］欧阳修、宋祁撰《新唐书》卷七十六列传第一，中华书局，1975年，第3496页。

【3】参见［宋］司马光编著，［元］胡三省音注《资治通鉴》卷二百五唐纪二十一，中华书局，1956年，第6478页。

在宫廷唱和活动中的首次亮相。根据有关学者统计，这次活动诞生了17首七言律诗，超过了此前诗史上所有的七律诗总和，在文学史上具有重要意义。[1]

在久视元年之后的第五年（705），神龙政变发生，张易之、张昌宗兄弟被诛杀，武则天退位，其年冬天去世，享年82岁，遗制祔庙、归陵，令去帝号。晚年的武则天陷入了立嗣的纠结，当她最终决定仍然立自己的儿子做太子时，心中就已经明白所谓"武周"不过是她一个人的朝代。她还不敢（更不愿意）冒天下之大不韪把帝位传给自己的侄子或者女儿，说明在那个大众的普遍认识还是男权社会的历史时代，"女皇"也只能是她一个人的故事。

本书所讨论的《升仙太子碑》，正是围绕武则天晚年称帝、封禅、立储、政变等政治大事件展开。论及武则天宗教信仰、武周朝文艺情况、书法的发展、穹碑的诞生等诸多方面，并结合相关史料进行考证，为读者讲述"升仙太子"的前世今生故事。

【1】参见吴光兴《论初唐诗的历史进程——兼及陈子昂、"初唐四杰"再评价》，《文学评论》，1992年第3期。

第一章 《升仙太子碑》的现状

在今天河南省洛阳市偃师市府店镇的缑山之上，矗立着一块名碑，即《升仙太子之碑》，一般简称《升仙太子碑》。此碑是为纪念武周圣历二年（699）武则天缑山之行而立，当时的武则天已经76岁。缑山之行其实只是女皇拜谒嵩山活动过程中发生的一个小事件，但其背后却蕴含着武则天晚年信仰、时局政治等一系列重大问题，因此这块碑的意义也就非同寻常了。

《升仙太子碑》所在的缑山，又称缑氏山，位于洛阳与嵩山之间（见图1）。它在洛阳市的东南方向，距离洛阳老城区约48千米，紧靠今天的207国道。缑山在汉唐时属缑氏县，宋代属永安县，明清时属偃师县，现划归偃师市府店镇。其海拔仅308米，相对高度100余米，是一座独立的小山丘（见图2），距离东南方向的中岳嵩山约28千米。

图1 缑山在卫星地图上的位置（即图中五角星所示）

图2 缑山远景

《升仙太子碑》立于缑山山顶，青石质，正面朝南，蟠龙碑首，赑屃碑座。碑身高3.59米，连同碑首、碑座通高6.54米，碑上宽1.58米，下宽1.74米，碑厚0.55米[1]。20世纪50年代在碑的周身砌起碑楼作为保护，碑楼上原装有铁皮门，2019年年底拆除（见图3—图5）。《升仙太子碑》在1963年被列为河南省重点文物保护单位，在2006年被列为第六批全国重点文物保护单位。缑山的现存碑刻，除《升仙太子碑》之外还有三块：一为北宋仁宗明道二年（1033）的《重修升仙太子大殿记碑》[2]，立于《升仙太子碑》西侧（见图6）。二为元世祖至元十五年（1278）的《先天宫记碑》[3]，立于缑山南麓（见图7）。三为乾隆十五年（1750）的《乾隆御诗碑》，立于《升仙太子碑》东北侧（见图8）。

此外，在19世纪50年代"大跃进"运动时，当地人在《升仙太子碑》以北的古建筑废墟上修建了直径三四十米的蓄水池，原为灌溉而用，后来废弃。19世纪80年代，美籍华人胡天育又在此捐修有"缑

【1】参见裴建平、潘二焕《〈升仙太子碑〉刊碑考略》一文，这些数据是该文作者于2005年的测量结果。该文收录于喻清录主编《偃师古都研究文集（一）》，中国文化出版社，2007年。
【2】[北宋]谢绛撰文，僧智成正书，王顾篆额。
【3】[元]杜成宽撰文，张瑜书并篆额。

山青少年科学宫"和"缑山天文台",亦废弃(见图9)。在《升仙太子碑》南侧,近年来新修"太子庙"一座,供人烧香膜拜(见图10)。这些建筑连并古碑一道组成了缑山上的文化景观。

图3 1918年《升仙太子碑》老照片

图4 2017年夏季《升仙太子碑》

图5 2019年冬季《升仙太子碑》

图6 北宋《重修升仙太子大殿记碑》

图7　元《先天宫记碑》

图8　清《乾隆御诗碑》

图9　缑山蓄水池和天文台

图10　缑山新修太子庙

　　《升仙太子碑》的碑阳和碑阴均刻有文字，笔者以洛阳师范学院、偃师市文物旅游局所编，中州古籍出版社于2016年出版的《武则天升仙太子碑》中所发表的碑阳、碑阴全貌图片为基础进行标注，对碑上的各部分文字介绍如下（见图11—图12）：

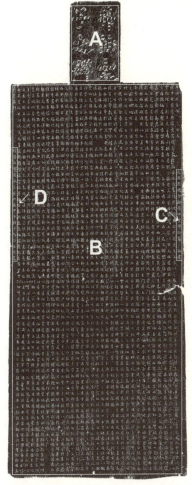

图11 《升仙太子碑》碑阳文字分布

如图11所示碑阳部分[1]：

A：碑额"升仙太子之碑"6字，飞白书，武周圣历二年六月
（699年7月）。

【1】此一部分碑文识读以石碑拓片为基础，并参照 [明] 傅梅撰《嵩书》（明万历刻本）、
[清] 王昶撰《金石萃编》（清嘉庆十年刻同治钱宝传等补修本）、洛阳师范学院、
偃师市文物旅游局编《武则天升仙太子碑》（中州古籍出版社，2016）著录文字。为
便于读者阅读，已进行句读，并对其中部分繁体字、异体字进行转换。

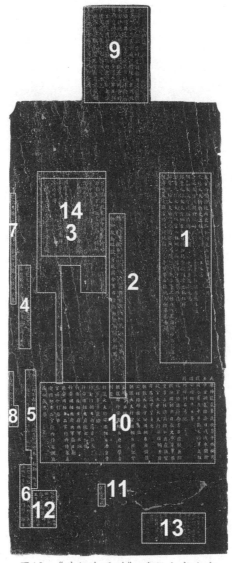

图12　《升仙太子碑》碑阴文字分布

B：正文34列2123字，行草书，武周圣历二年六月（699年7月）。

　　升仙太子碑并序

　　　朕闻天地权舆，混玄黄于元气；阴阳草昧，征造化于洪炉。万品于是资生，三才以之肇建。然则春荣秋落，四时变寒暑之机；玉兔金乌，两曜递行藏之运。是知乾坤至大，不能无倾缺之形；日月至明，不能免盈亏之数。岂若混成为质，先二仪以开元；兆道标名，母万物而为称。惟恍惟惚，窈冥超言象之端；无去无来，寥廓出寰区之外。骖鸾驭凤，升八景而戏仙庭；驾月乘云，驱百灵而朝上帝。玄都迥辟，玉京为不死之乡；紫府傍开，金阙乃长生之地。吸朝霞而饮甘露，控白鹿而化青龙。鱼腹神符，已效征于涓子；管中灵药，方演术于封君。从壶公而见玉堂，召卢敖而赴玄阙。炎皇少女，剧往仙家；负局先生，来过吴市。或排烟而长往，或御风而不旋。既化饭以成蜂，亦变枯而生叶。费长房之缩地，目览遐荒；赵简子之宾天，亲聆广乐。怀中设馔，标许彦之奇方；座上钓鱼，呈左慈之妙技。遥升阁道，远睇平衢。鼓琴瑟而驾辒辌，出西关而游北海。登昆仑而一息，期汗漫于九垓。湘东遗鸟迹之书，济北致鱼山之会。拂虹旌于日路，飞羽盖于烟郊。既入无穷之门，还游无极之野。青虬吐甲，爰披五岳之文；丹凤衔符，式受三皇之诀。濑乡九井，漾德水而澄漪；淮南八仙，著真图而阐秘。自非天姿拔俗，灵骨超凡，岂能访金箓于玄门，寻玉皇于碧落者矣。

升仙太子者，字子乔，周灵王之太子也。原夫补天益地之崇基，三分有二之洪业。神宗启胄，先承履帝之祥；圣考兴源，幼表灵髦之相。白鱼标于瑞典，赤雀降于祯符。屈叔誉于三穷，锡师旷以四马。谷洛之斗，严父申欲壅之规，而匡救之诚，仙储切犯颜之谏。播石子之懿范，颙图史之芳声，而灵应难窥，冥征罕测。紫云为盖，见嘉贶于张陵；白

蜕成质，遗神丹于崔子。凤笙流响，恒居伊洛之间；鹤驾腾
镳，俄陟神仙之路。嵩高岭上，虽藉浮丘之迎；缑氏峰前，
终待桓良之告。傍稽素篆，仰叩玄经。时将玉帝之游，乍洽
琳宫之宴。仙冠岌岌，表嘉称于芙蓉；右弼巍巍，效灵官
于桐柏。九丹可挹，仍标延寿之诚；千载方传，尚纪仙人之
祀。辞青宫而归九府，弃苍震而慕重玄。无劳羽翼之功，坐
致云霄之赏。虽黄庭众圣，未接于末尘；紫洞群灵，岂骖于
后乘。斯乃腾芳万古，擅美千龄，岂与夫松子、陶公同年而
语者也。

　　我国家先天纂业，辟地裁基，正八柱于乾纲，纽四维
于坤载。山鸣鹫鹭，爰彰受命之祥；洛出图书，式兆兴王之
运。廓堤封于百亿，声教洽于无垠；被正朔于三千，文轨同
于有截。茫茫宇宙，掩沙界以疏疆；眇眇寰区，笼铁围而划
境。坐明台以崇严祀，大礼攸陈；谒清庙而展因心，洪规更
阐。庆山西峙，上耸于圆清；武井东流，下凝于方浊。骈柯
连理，恒骋异于彤墀；九穗两歧，每呈祥于翠亩。神芝吐
秀，宛成轮盖之形；历草抽英，还司朔望之候。山车泽马，
充仞于郊畿；瑞表祥图，洋溢于中外。乾坤交泰，阴阳和而
风雨调；远肃迩安，兵戈戢而燧烽静。西鹣东鲽，已告太平
之符；鄗黍江茅，屡荐升中之应。而王公卿士，百辟群僚，
咸诣阙以披诚，请登封而告禅。敬陈严配之典，用展禋宗
之仪，泥金而叶于告成，瘗玉而腾于茂实。千龄胜礼，一
旦咸申。

　　尔乃凤辇排虚，既造云霞之路；龙旗拂迥，方驰日月
之局。后殿萦山，先锋蔽野。千乘万骑，钩陈指灵岳之前；

谷邃川停，羽驾陟仙坛之所。既而驰情烟路，系想玄门。途临松寝之前，近瞰桂岩之下。重峦绝嶝，空留落景之晖；复庙连甍，徒见浮云之影。山扉半毁，才睹昔年之规；磵牖全倾，更创今辰之制。乃为子晋重立庙焉，仍改号为升仙太子之庙。方依福地，肇启仙居。开庙后之新基，获藏中之古剑。昆吾挺质，巨阙标名，白虹将紫电争锋，飞景共流星竞彩。去夜惊而除众毒，轻万户而却三军。无劳望气之人，自遇象天之宝。岩岩石室，纪黄老五千之文；赫赫灵坛，披碧洞三元之箓。爰于去岁，尝遣内使往祠，虽人祇有路隔之言，而冥契著潜通之兆。遂于此日，频感殊祯。迢递云间，闻凤笙之度响；徘徊空里，瞻鹤驾之来仪。瑞气氤氲，异香芬馥，钦承景贶，目击休征。尔其近对缑岑，遥邻嵩岭，变维城之往庙，建储后之今祠。穷工匠之奇精，傍临绝壑；尽山川之体势，上冠云霄。其地则测景名都，交风胜壤。仰观玄纬，星文当天室之邦；俯瞩黄舆，地理处均霜之境。膏腴宇宙，通百越之楼船；巨险山原，控八方之车骑。危峰切汉，德水横川；实天下之枢机，极域中之壮观。于是扪危凿阯，越壑裁基，命般尔而开筵，召公输而缀思。梅梁眺迥，近架烟霞；桂栋临虚，上连星月。窗明云母，将曙景而同晖；户挂琉璃，共晴天而合色。曲阁乘九霄之表，重檐架八景之中，湛休水于天池，发祥花于奇树。珠阙据缑峰之外，瑶坛接嵩峤之隈。素女乘云，窥步檐而不逮；青童驾羽，仰层槛而何阶。茂蠋郁兮若生，灵仪肃兮如在。昔岘山堕泪，犹见钜平之碑；襄水沉波，尚有当阳之碣。况乎上宾天帝，摇山之风乐不归；下接浮丘，洛浦之笙歌斯远。岂可使芳猷懿躅，与岁月而推迁；霞宇星坛，共风烟而歇灭。乃刊碑勒颂，用纪徽音，庶亿载而惟新，齐两仪而配久。方伫乘龙使者，为降还龄之符；驾羽仙人，曲垂驻寿之药。使璇玑叶度，玉烛调时；百谷喜于丰年，兆庶安于泰俗。

虔敷短制，乃作铭云：邈矣元始，悠哉浑成，傍该万类，仰贯三精。至神不测，大象难名，出入太素，驱驰上清。其一。黄庭仙室，丹阙灵台，银宫雪合，玉树花开。夕游云路，朝挹霞杯，霓旌仿佛，羽驾徘徊。其二。树基创业，迁朝立市，四隩天中，三川地纪。白鱼呈贶，丹乌荐祉，灵骨仙才，芳猷不已。其三。退瞻帝系，仰睠仙储，遥驰月域，高步烟墟。名超紫府，职迈玉虚，飘飘芝盖，容与云车。其四。远参昆仑，遥期汗漫，金浆玉液，雾宫霞馆。瑶草扶疏，珠林璀璨，万劫非久，二仪何算。其五。栖心大道，托迹长生，三山可陟，九转方成。兔飞舄影，凤引歌声，永升金阙，恒游玉京。其六。青童素女，浮丘赤松，位称桐柏，冠号芙蓉。寻真御辩，控鹤乘龙，高排云雾，轻举遐踪。其七。岁往年移，天长地久，霄汉为室，烟霞作友。舞鹤飞盖，歌鸾送酒，绝迹氛埃，芳名不朽。其八。粤我大周，上膺元命，补天立极，重光累圣。嘉瑞屡臻，殊祥叠映，归功苍昊，升闻表庆。其九。爰因展礼，途接灵居，年载超忽，庭宇凋疏。更安珠殿，重开玉虚，方依翠壁，敬勒丹书。其十。新基建址，古剑腾文，凤笙飞韵，鹤驾凌云。休符杂沓，嘉瑞氤氲，仙仪靡见，逸响空闻。其十一。仰圣思玄，求真怀昔，霞轩月殿，星宫雾驿。万载须臾，千龄朝夕，纪盛德于芳翰，勒鸿名于贞石。其十二。

C：薛稷书上款14字，楷书，武周圣历二年六月（699年7月）。

大周天册金轮圣神皇帝御制御书

D：薛稷书下款19字，楷书，武周圣历二年六月（699年7月）。

圣历二年，岁次己亥，六月，甲申朔，十九日，壬寅建

如图12所示碑阴部分，包括唐代题刻11处，北宋题刻1处，清代题刻2处[1]：

1. 薛稷书武三思等八大臣题名，武周圣历二年六月（699年7月）。

春官尚书、检校内史、监修国史、上柱国、梁王，臣三思

光禄大夫、行内史、上柱国、邢国公，臣王及善

中大夫、守凤阁侍郎、同凤阁鸾台平章事、上柱国，臣苏味道

朝散大夫、守凤阁侍郎、同凤阁鸾台平章事，臣魏元忠

银青光禄大夫、守纳言、上柱国、汝阳县开国男，臣狄仁杰

银青光禄大夫、守纳言、上柱国、谯县开国子，臣娄师德

银青光禄大夫、行鸾台侍郎、同凤阁鸾台平章事、上柱国、郑县开国子，臣杨再思

朝议大夫、守天官侍郎、同凤阁鸾台平章事、左控鹤内供奉，臣吉顼

2. 薛稷书立碑使题名两行（被凿，残存部分），武周圣历二年六月（699年7月）。

【1】此一部分碑文识读以石碑拓片为基础，并参照［明］傅梅撰《嵩书》（明万历刻本）、［清］王昶撰《金石萃编》（清嘉庆十年刻同治钱宝传等补修本）、洛阳师范学院、偃师市文物旅游局编《武则天升仙太子碑》（中州古籍出版社，2016）著录文字。为便于读者阅读，已进行句读，并对其中部分繁体字、异体字进行转换。

　　敕检校勒碑使、守凤阁舍人、右控鹤内供奉、骑都尉，
臣□□

3.唐人题名（被凿），武周圣历二年六月（699年7月）。

4-8：钟绍京书立碑团队题名五段，武周圣历二年六月（699年7
月）。

4.题御制及建辰并梁王三思已下名，臣薛稷书

　　采石官、朝议郎、行洛州来庭县尉，臣王畯

5.承议郎、行左春坊录事、直凤阁，臣钟绍京奉敕勒御书

　　宣议郎、直司礼寺，臣李元琛勒御书

6.直营缮监直司，韩神感刻御字

　　洛州永昌县，臣朱罗门刻御字

7.题诸□等名，左春坊录事、直凤阁，臣钟绍京书

8.麟台楷书令史，臣□伯□勒字

　　臣卓勒字

9.薛曜书武则天杂言《游仙篇》诗，武周久视元年六月（700年7
月）或稍后。

　　　杂言《游仙篇》御制　　奉宸大夫臣薛曜书

　　绛宫珠阙敞仙家，蜕裳羽旆自凌霞。碧落晨飘紫芝盖，
黄庭夕转彩云车。周旋宇宙殊非远，写望蓬壶停翠幔。千龄
一日未言赊，亿岁婴孩谁谓晚。逶迤凤舞时相向，变啭鸾歌
引清唱。金浆既取玉杯斟，玉酒还用金膏酿。驻迴游天域，
排空聊憩息。宿志慕三元，翘心祈五色。仙储本性谅难求，
圣迹奇术秘玄猷。愿允丹诚赐灵药，方期久视御隆周。

10.相王李旦刊碑记，唐中宗神龙二年八月（706年10月）。

　　大唐神龙二年，岁次景午水，八月，壬申金朔，二十七

日，戊戌木。开府仪同三司、左千牛卫大将军、上柱国、安国相王旦，奉制刊碑刻石为记。

从官，特进、行尚书左仆射兼检校安国相王府长史、平章军国重事、上柱国、芮国公豆卢钦望

从官，太中大夫、行安国相王府司马护军皇甫忠

朝散大夫、守安国相王府咨议、上柱国、邢国公王温

朝议大夫、行安国相王府记室参军事丘悦

朝议郎、行安国相王府文学韦利器

朝议大夫、行安国相王府仓曹参军事辛道瑜

行安国相王府属韦慎惑

行安国相王府掾丘知几

行安国相王府典军丘琬

行安国相王府典军卫日新

从安国相王品官、行内侍省奚官局令引叄目

安国相王品官、行内侍省掖庭局令戴思恭

11. 韦庇题名，唐文宗大和四年（830）左右。

京兆韦庇

12. 邓洵武题记，宋徽宗政和元年二月（1111年4月）。

政和元年二月廿九日，西京留守邓洵武，率僚属恭谒王子乔祠，男雍侍行。

13. 钟国士题诗两首，清康熙二十年（1681）冬季。

《缑山社集》

子晋飞升处，古今人尽传。群峰拱四壁，一岭主中天。笙鹤仙踪杳，诗书静习偏。得闻如我辈，日上弄云烟。

康熙辛酉冬日，钟国士题。

《登缑岭》

地以人称自古然，缑山指大列中天。不因修道王乔后，

谁识孤峰海内传。

河内流寓钟国士，辛酉冬日题。

14. 韩人金秉万、李重翊题诗两首，清宣统元年九月（1909年10月—11月）。

黄河嵩岳抱萦回，中有缑山远客来。王子不还笙鹤断，

夕阳呵笔下荒台。

宣统元年菊月。

韩人，正三品通政大夫，内阁前秘书监丞金秉万。

周灵王子此升仙，驾鹤清箫忆往年。多少古人记述石，

龟头苔藓暗如烟。

韩人，正三品通政大夫，前参奉李重翊。

以上介绍了《升仙太子碑》碑阳与碑阴的文字情况，由于此碑自19世纪50年代起就被碑楼包裹保护，所以我们不能知晓碑侧文字的确切情况。根据清人孙星衍《寰宇访碑录》的记载，碑侧应有一则宋人题记：

升仙太子碑侧卢功裔题名，正书，宣和四年正月，河南

偃师。【1】

笔者就此问题曾咨询洛阳拓工裴建平先生，据他回忆，这则宋人题记是在碑的东侧。

【1】参见［清］孙星衍撰《寰宇访碑录》卷八，清嘉庆七年刻本。

第二章 《升仙太子碑》的学术史

一、历史上的记载

《升仙太子碑》是御碑，且又涉及武则天这样一位颇具争议性的历史人物，所以历代文人学者对这块碑都或多或少有所记述。作为正史的两《唐书》和《资治通鉴》，都记录了圣历二年武则天拜谒嵩山之事，但没有提及这块碑的竖立。现今我们能找到的对《升仙太子碑》最早的文献记载是宋代赵明诚的《金石录》：

卷第四目录四：

第七百九十五，周升仙太子碑上，武后撰并行书，圣历二年六月。

第七百九十六，周升仙太子碑下，碑阴薛稷书附。[1]

卷第五目录五：

第八百四十，周游仙篇，武后撰，薛曜正书。[2]

卷第二十五跋尾十五：

右周升仙太子碑，武后撰并书。升仙太子者，王子晋也。是时张易之、昌宗兄弟方有宠，谄谀者以昌宗为子晋后身，故武后为茸其祠，亲铭而书于其碑。君臣宣淫无耻类如

【1】参见［宋］赵明诚撰，金文明校证《宋本金石录》，中华书局，2019年，第78页。

【2】参见［宋］赵明诚撰，金文明校证《宋本金石录》，中华书局，2019年，第88页。

此，可发万古之一笑也。【1】

赵明诚的记载点出了立碑的时间是在圣历二年六月，这是根据碑阳的下款获知的信息。赵明诚对此碑的评价是贬义的，他将这块碑的竖立联系到武则天的男宠张昌宗，实际上这一观点来源于《旧唐书·张行成传》：

> 时谀佞者奏云，昌宗是王子晋后身，乃令被羽衣吹箫乘
>
> 木鹤奏乐于庭，如子晋乘空，辞人皆赋诗以美之。【2】

王子晋本是东周灵王的太子，后来传说乘鹤升仙，被武则天赠封号为"升仙太子"【3】，而当时的谀媚之臣为了巴结张昌宗，将张昌宗比作王子晋。由于赵明诚所下的这样一条负面判词，使得后世许多文人都沿袭其说，对这块碑进行了贬低。明代文学家王世贞的《弇州四部稿》中记：

> 武氏牝晨，淫革唐鼎，观此书遂欲乱千古同文之治，
>
> 嘻，何其甚也。文似出北门诸学士手笔，意软媚，无铁椎椎
>
> 悍马时意气，且既为太子立碑，而以莲花六郎称其后身，得
>
> 不秽千古青简耶？为之一笑。【4】

王世贞指出《升仙太子碑》文风软媚，并继续赵明诚的说法，认为《升仙太子碑》的竖立和"莲花六郎"【5】有关。

还有明代孙鑛《书画跋跋》记载：

> 后书体素软媚，他刻皆然。跋谓既为太子立碑，何得以

【1】参见［宋］赵明诚撰，金文明校证《宋本金石录》，中华书局，2019年，第474页。

【2】参见［后晋］刘昫等撰《旧唐书》卷七十八列传第二十八，中华书局，1975年，第2706页。

【3】参见［后晋］刘昫等撰《旧唐书》卷二十三志第三，中华书局，1975年，第891页。

【4】参见［明］王世贞撰《弇州四部稿》卷一百三十五，明万历刻本。

【5】"莲花六郎"即指张昌宗，出自《旧唐书·杨再思传》："昌宗以姿貌见宠幸，再思又谀之曰：人言六郎面似莲花，再思以为莲花似六郎，非六郎似莲花也。"参见［后晋］刘昫等撰《旧唐书》卷九十列传第四十，中华书局，1975年，第2919页。

莲花六郎为其后身，嗤为秽青简，不知此雌何心。【1】

清初林侗《来斋金石考略》记载：

> 上诸帝御书十四种，而则天后升仙太子碑亦为御制御
> 书，不以列于诸帝者，恶其渎也。【2】

清代全祖望《鲒埼亭集》记载：

> 则天为升仙太子碑，盖以张昌宗为王子晋后身，夸子
> 晋所以悦昌宗也。如此秽笔何以尚传。呜呼，子晋之事固难
> 信，使果有之，而辱以少艾，污以供奉，鸡皮之男妾，何其
> 辱与。【3】

还有一些记载如汪砢玉《珊瑚网》、卞永誉《式古堂书画汇考》
等，均观点类同。转引前人承袭赵说，将《升仙太子碑》和张昌宗联
系在一起，并对此阐发贬低谩责之辞，这似乎成了明清文人圈的一项
共识。但是笔者注意到持这一观点的文人们，其实并未真正实地走访
过《升仙太子碑》，他们的知识来源仅是从赵明诚的记载和后世的碑
刻拓本判断审视。如前文所引王世贞的看法在《弇州四部稿》中赫然
被置于"题武后书升仙太子碑帖后"条目之下，林侗看到《升仙太子
碑》则是因为"叶井叔先生以此碑寄余"【4】，等等，不一而足。而
今天流存下来的《升仙太子碑》拓片，最早也是明拓本，如晚清陈骧

【1】参见［明］孙鑛撰《书画跋跋》卷二下，清乾隆五年刻本。
【2】参见［清］林侗撰《来斋金石考略》卷中，清文渊阁四库全书本。
【3】参见［清］全祖望撰《鲒埼亭集》卷三十七，《四部丛刊》景清刻姚江借树山房本。
【4】参见［清］林侗撰《来斋金石考略》卷中："叶井叔先生以此碑寄余，未有额
为之一怅，乃行书甚虬健有致非直柔也，恶其乱常因不列于御书。"清文渊阁四库全
书本。

德【1】藏本，藏于故宫博物院。【2】

　　明清时期，出于编写地方志的需要和金石考据下的访碑热，人们开始对《升仙太子碑》进行实地考察，并留下诸多著录文献。明弘治十七年（1504）的《偃师县志》，由时任偃师知县魏津【3】主持编修，其中最早记录了缑山上《升仙太子碑》西侧宋代《重修升仙太子大殿记碑》的文字。到了明末，有登封知县傅梅【4】，在其任内编纂《嵩书》，最早抄录了《升仙太子碑》碑阳全文【5】。进入清代，毕沅【6】的《中州金石记》和武亿【7】的《偃师县志·金石录》《偃师金石遗文补录》等著述，最早抄录了《升仙太子碑》的碑阴文字，并进行了相关考证。武亿指出碑阴部分唐人题名的官职与《新唐书》记载不符的现象，毕沅则站在碑学书法的立场上首次正面评价了《升仙太子碑》的书法：

　　　　今观其草法极工，有乌丝方格，尚似章草及皇象书、孙
　　过庭《书谱》、智永《千文》之体。【8】

【1】[清]陈骙德（生卒不详），字千里，号德大，浙江海盐人，一作海宁人，晚清收藏家。室名曾鼎山房、吉云居。

【2】该拓片卷首有"升仙太子碑宋拓本"的题签，现代专家给出的鉴定意见是明拓本。参见《中国碑刻全集》第五卷，人民美术出版社，2010年，第84页。

【3】[明]魏津（生卒不详），字弘济，陕西郃阳人，弘治九年（1496）任偃师知县。

【4】[明]傅梅（1565—1643），字元鼎，河北邢台人，万历三十五年（1607）冬至万历四十年（1612）冬任河南登封知县。

【5】参见[明]傅梅撰《嵩书》卷二十，明万历刻本。

【6】[清]毕沅（1730—1797），字纕蘅，亦字秋帆，号灵岩山人，江苏太仓人。于乾隆五十年（1785）二月至乾隆五十一年（1786）六月和乾隆五十一年（1786）十月至乾隆五十三年（1788）七月，两度任河南巡抚。

【7】[清]武亿（1745—1799），字虚谷，一字小石，号半石山人，河南偃师人。主修乾隆五十四年《偃师县志·金石录》。

【8】参见[清]毕沅撰《中州金石记》卷二，清经训堂丛书本。

此外还有孙星衍[1]的《寰宇访碑录》，最早记载了《升仙太子碑》的碑侧题字信息。王昶[2]的《金石萃编》，收录了前人相关讨论文字，分析了碑阴文字的分布，比较了唐人题名与两《唐书》的异同。王昶富于创见性地指出碑阴"题诸臣名是指中截所题从官豆卢钦望诸人也""敕检校勒碑使守凤阁舍人右控鹤内供奉骑都尉臣……阙姓名二字当是薛稷"[3]。最后是黄易[4]的《嵩洛访碑图册》，为《升仙太子碑》留下了最早的图像（见图13）。可以说18世纪末至19世纪初的清代学者群体的考察活动，为今人的研究提供了非常重要的资料。

图13　黄易《嵩洛访碑图册》之《缑山》　北京故宫博物院藏

【1】［清］孙星衍（1753—1818），字渊如，号伯渊，别署芳茂山人。于乾隆五十年（1785）四月至乾隆五十一年（1786）六月，从游于毕沅幕府。
【2】［清］王昶（1725—1806），字德甫，号述庵，又号兰泉，江苏青浦（今属上海）人。
【3】参见［清］王昶撰《金石萃编》卷六十三，清嘉庆十年刻同治钱宝传等补修本。王昶的两个观点实际上一对一错，本书《〈升仙太子碑〉的碑阴》一章中笔者将展开分析。
【4】［清］黄易（1744—1802），字大易，号小松、秋盦，又号秋影庵主、散花滩人。于嘉庆元年（1796）九月至十月，丁母忧期间游嵩洛，绘《嵩洛访碑图册》24帧。

二、现代学者研究

中华人民共和国成立后，由于《升仙太子碑》一直被封存于砖砌碑楼之中，且缑山地处偏僻小镇，所以人们对这块碑的关注其实并不多，研究也很有限。在大多数出版物中，都只有碑的局部图片，较早如1959年日本二玄社出版的《书迹名品丛刊8·唐则天武后升仙太子碑》，其中有完整碑阳图片一幅。而对于更有历史研究价值的碑阴，直到2016年中州古籍出版社出版的洛阳师范学院、偃师市文物旅游局所编《武则天升仙太子碑》中，才有完整的碑阴图片公开发表。在《偃师文物志》【1】《洛都美术史迹》【2】《河南碑志叙录》【3】《偃师县志》【4】《洛阳市志·文物志》【5】《偃师风土》【6】《河洛通览》【7】《偃师览胜》【8】这些地方文献里，也都是对《升仙太子碑》作一般性文字介绍，并未有深入性考究。

就目前所见的论文而言，从艺术角度出发，主要有尹一梅《融进画艺的"飞白"书——武则天〈升仙太子之碑〉碑额》【9】，王振东、徐英贤《武则天〈升仙太子碑〉的书法艺术》【10】、段正敏《武则天〈升仙太子碑〉书法艺术浅析》【11】、曾广《中国妇女书法的一

【1】偃师县文物保护管理委员会主编《偃师文物志》，机关印刷，1978年。
【2】宫大中著《洛都美术史迹》，湖北美术出版社，1991年。
【3】河南省文物局主编《河南碑志叙录》，中州古籍出版社，1992年。
【4】偃师县志编纂委员会编《偃师县志》，三联书店，1992年。
【5】洛阳市地方史志编纂委员会主编《洛阳市志·文物志》，中州古籍出版社，1995年。
【6】康仙舟编著《偃师风土》，华文出版社，1999年。
【7】徐金星主编《河洛通览》，中州古籍出版社，2008年。
【8】李秋展编著《偃师览胜》，中州古籍出版社，2014年。
【9】参见《紫禁城》，1993年第5期。
【10】收录于赵文润、刘志清主编《武则天与偃师》，历史教学社，1997年。
【11】收录于王文超、赵文润主编《武则天与嵩山》，中华书局，2003年。

块丰碑——〈升仙太子碑〉》【1】、李晓男《武则天〈升仙太子碑〉
书法艺术风格研究》【2】等文章，均属于字体字形分析和书法价值
评述。从碑文注释角度出发，主要有曹麟笔、张渠的《升仙太子碑
注》【3】，这是现代学者首次对《升仙太子碑》碑阳文字进行注释；
李斌城的《〈升仙太子碑〉并序考释》【4】，有碑阳文字的译文，以
及对碑阴人名官称与两《唐书》所载官称的对比。

目前真正从历史考证角度出发的文章有四篇：梁恒堂、梁晋红
《说周唐变革在〈升仙太子碑〉上的留痕》【5】；裴建平、潘二焕
《〈升仙太子碑〉刊碑考略》【6】。梁恒堂、梁晋红主要是对碑阴的
唐代部分题刻进行分析；裴建平则是对碑的数据进行科学考证，并
在对碑阴唐代部分刻文分析的基础之上，附论了清代题刻。近年来
有复旦大学汉唐文献工作室唐雯《女皇的纠结——〈升仙太子碑〉的
生成史及其政治内涵重探》一文【7】和浙江大学人文学院学者孙英刚
《流动的政治景观——〈升仙太子碑〉与武周及中宗朝的洛阳政局》
一文【8】，均从历史学角度出发，把《升仙太子碑》与相关历史背景
事件相联系，进行了较为深入的探究。唐雯女士的论文研究主要包括
两大部分，一是在继承清代学者王昶研究的基础之上，创造性地指出

【1】参见《中国书法》，2004 年第 3 期。
【2】参见《艺术百家》，2013 年第 S1 期。
【3】曹麟笔、张渠注释《〈升仙太子碑〉注》，历史教学社，1998 年。
【4】收录于王文超、赵文润主编《武则天与嵩山》，中华书局，2003 年。
【5】收录于王文超、赵文润主编《武则天与嵩山》，中华书局，2003 年。
【6】该文起初收录于喻清录主编《偃师古都研究文集（一）》，中国文化出版社，
2007 年。后又收录于王双怀主编《武则天与神都洛阳》，中国文史出版社，2008 年，
文名改为《〈升仙太子碑〉的真实情况及其内容》。
【7】该文起初收录于北京大学历史学系于 2017 年 11 月 1 日至 2 日主办的"文本性
与物质性交错的中古中国"研讨会的论文集，后又收录于《唐研究》第二十三卷，北
京大学出版社，2017 年 12 月。又发表于《文汇报》，2018 年 3 月 30 日，第 W10 版。
【8】参见《人文杂志》，2019 年第 5 期。

碑阴中央右列被凿文字仅为一"奉"字，而碑阴左上方原本并未刻有"诸王等名"。二是结合史料讨论《升仙太子碑》所纪念的原型——武则天长子李弘和武则天晚年的立储问题。孙英刚先生的论文则提出"流动的政治景观"概念，讨论重点是武则天晚年至中宗朝的政局问题，及其在《升仙太子碑》上的反映。而对于碑阴的两处疑点，还是延续了梁恒堂、裴建平两文的观点，认为碑阴中央被凿两列立碑使题名为张易之、张昌宗兄弟；碑阴左上方被凿题名内容原本主要是武氏诸王。笔者对上述学者的治学态度表示敬佩，但是对他们的一些观点结论不敢苟同，在本书中会有详细讨论。

除上述这些直接讨论《升仙太子碑》的研究之外，还有一些相关考证文章，如康为民《武则天缘何幸缑山》一文[1]，主要讨论了武则天的道教信仰；赵振华《武则天与缑山"杳冥君"》一文[2]，主要讨论了缑山古墓的问题；裴建平、段素君、许宏欣《升仙太子王子晋考略》一文[3]，主要讨论了王子晋的身份形象；王静《节愍太子墓〈升仙太子图〉考——兼论薛稷画鹤的时代背景》一文[4]，则讨论了唐代宫廷的升仙太子信仰。

【1】收录于赵文润、刘志清主编《武则天与偃师》，历史教学社，1997 年。
【2】参见《洛阳工学院学报（社会科学版）》，2001 年第 2 期。
【3】收录于喻清录主编《偃师古都研究文集（二）》，中国文化出版社，2008 年。
【4】参见《北京大学学报（哲学社会科学版）》，2007 年第 4 期。

第三章 《升仙太子碑》的竖立

一、嵩山封禅

关于圣历二年（699）《升仙太子碑》的竖立，在正史中未有记载，但是武则天拜谒缑山之事，在不同史书中均有说法：

《旧唐书·则天皇后本纪》：

（圣历）二年春二月，封皇嗣旦为相王。初为宠臣张易之及其弟昌宗置控鹤府官员，寻改为奉宸府，班在御史大夫下。左肃政御史中丞魏元忠为凤阁侍郎，吉顼为天官侍郎并同凤阁鸾台平章事。戊子，幸嵩山，过王子晋庙；丙申，幸缑山，丁酉至自嵩山。[1]

《新唐书·则天皇后中宗本纪》：

（圣历）二年正月壬戌，封皇嗣旦为相王。腊月戊子，左肃政台御史中丞吉顼为天官侍郎，检校右肃政台御史中丞魏元忠为凤阁侍郎，同凤阁鸾台平章事。辛亥，赐皇太子姓武氏，大赦。一月庚申，武攸宁罢。二月己丑，如缑氏；辛卯，如嵩阳；丁酉，复于神都。[2]

《资治通鉴·唐纪二十二》：

嗣圣十六年（太后圣历二年），春正月庚申，夏官尚

---

[1] 参见［后晋］刘昫等撰《旧唐书》卷六本纪第六，中华书局，1975年，第128页。
[2] 参见［宋］欧阳修、宋祁撰《新唐书》卷四本纪第四，中华书局，1975年，第99页。

书同凤阁鸾台三品武攸宁罢为冬官尚书。二月己丑，太后幸嵩山，过缑氏，谒升仙太子庙。壬辰，太后不豫，遣给事中栾城阎朝隐祷少室山。朝隐自为牺牲沐浴，伏俎上请代太后命。太后疾小愈，厚赏之。丁酉，太后自缑氏还。【1】

以上三则记载，在事件细节包括时间等问题上互有差异，《旧唐书》记载武则天从嵩山返程途中幸临缑山，《新唐书》记载去嵩山途中幸临缑山，《资治通鉴》记载是去嵩山途中生病，于是停留缑山，派臣下阎朝隐去嵩山代祭。那么到底哪一种记载比较可信呢？通过查阅《旧唐书》和《新唐书》阎朝隐传，得证《资治通鉴》的记载应该正确。《旧唐书·文苑中》记载："圣历二年，则天不豫，令朝隐往少室山祈祷。"【2】《新唐书·文艺中》记载："后有疾，令（阎朝隐）往祷少室山。"【3】从而我们理解武则天去缑山的背景：圣历二年二月，武则天在去嵩山祭祀的路上生病，于是停驻缑山，派阎朝隐前往嵩山代祭。而在停留缑山的日子里，武则天拜谒了山上的王子晋庙，六月又立了《升仙太子碑》。

对于武则天祭祀封禅嵩山的原因，历史学界已经讨论得非常清楚，主要原因如下：（1）封禅是封建帝王宣扬受命于天，统治合法的最高手段，在唐高宗时期，武则天曾以大唐皇后身份随高宗封禅泰山，所以武周新朝的封禅就不宜再在泰山进行。（2）自魏晋起，就有人开始对封禅泰山的合理性提出质疑，认为"秦一主、汉二君修封禅之事，其制为封土方丈余，崇于太（泰）山之上，皆不见于经，秦

【1】参见［宋］司马光编著，［元］胡三省音注《资治通鉴》卷二百六唐纪二十二，中华书局，1956年，第6539页。

【2】参见［后晋］刘昫等撰《旧唐书》卷一百九十中列传第一百四十，中华书局，1975年，第5026页。

【3】参见［宋］欧阳修、宋祁撰《新唐书》卷二百二列传第一百二十七，中华书局，1975年，第5752页。

汉之事未可专"[1]，而"洛阳者，天地之所合；嵩高者，六合之中也"[2]。所以嵩山是合适的封禅对象。（3）从地理方位上讲，嵩山距离武周神都洛阳较近，选择就近封禅，对于武则天的政局控制来说比较安全。（4）从文化附会上讲，武则天以姬周王室为祖先[3]，历史上传说周武王就曾祭祀嵩山[4]。（5）从宗教信仰上讲，嵩山自东汉建大法王寺，北魏建少林寺、嵩岳寺等，佛教文化兴盛，于此地封禅亦可兼顾武则天的佛教信仰。

图14 河南登封 大周封祀坛遗址

武则天于天册万岁二年（696）封禅嵩山，其一生八次亲赴嵩山及其附近地区：唐高宗永隆元年（680）、弘道元年（683）两次、武周天册万岁二年（696）、圣历二年（699）、久视元年（700）两

【1】出自［西晋］袁准《正论》，参见［宋］李昉等撰《太平御览》卷五百三十六，中华书局，1960年，第2434页。

【2】出自［西晋］袁准《正论》，参见［宋］李昉等撰《太平御览》卷五百三十六，中华书局，1960年，第2434页。

【3】根据［唐］林宝撰《元和姓纂》记载："周平王少子生而有文在手，曰：'武'，遂以为氏。"参见［唐］林宝撰《元和姓纂》卷六，中华书局，1994年，第882页。

【4】周武王祭祀嵩山的实证是西周《天亡簋》铭文中的记载："王祀于天室。"该青铜器于清朝道光年间出土于陕西郿县（今宝鸡眉县），现藏中国国家博物馆。

次、长安元年（701）[1]。按照上述《资治通鉴》等史料记载，圣历二年（699）这次赴嵩山途中，女皇因为突然生病不得不在缑山停留，顺道拜谒升仙太子庙。看似是一个偶然事件，但是历史的真相果真如此简单吗？

《旧唐书·礼仪三》中记载了武则天封禅嵩山的过程：

> 则天证圣元年，将有事于嵩山，先遣使致祭，以祈福助。下制，号嵩山为神岳，尊嵩山神为天中王，夫人为灵妃。嵩山旧有夏启及启母、少室阿姨神庙，咸令预祈祭。至天册万岁二年腊月甲申，亲行登封之礼。礼毕，便大赦，改元万岁登封，改嵩阳县为登封县，阳成县为告成县。粤三日丁亥，禅于少室山。又二日己丑，御朝觐坛朝群臣，咸如乾封之仪。则天以封禅日为嵩岳神祇所祐，遂尊神岳天中王为神岳天中皇帝，灵妃为天中皇后，夏后启为齐圣皇帝，封启母神为玉京太后，少室阿姨神为金阙夫人，王子晋为升仙太子，别为立庙。[2]

嵩山是由东边的太室山和西边的少室山两部分组成，武则天于太室山封（祭天）、于少室山禅（祭地），然后册封了六位嵩山神灵，最后一位是"王子晋为升仙太子"，并且"别为立庙"。也就是说要为升仙太子王子晋重建一座庙，并且建在别处。这别处当然是缑山，因为缑山上女皇御书的《升仙太子碑》碑文中明确提到"乃为子晋重立庙焉，仍改号为升仙太子之庙"，印证了史书的记载。所以，在缑山兴建升仙太子庙，实际是武则天封禅嵩山的一项尾巴工程。

武则天封禅嵩山是在天册万岁二年腊月（696年1月），而拜谒缑山升仙太子庙已经到了圣历二年二月（699年3月），但这并不是武

【1】参见何莉莉《武则天与登封》，山西大学硕士学位论文，2008年。
【2】参见［后晋］刘昫等撰《旧唐书》卷二十三志第三，中华书局，1975年，第891页。

则天第一次来缑山。早在神功元年十月（697年10月），武则天就曾亲自带领臣工前来缑山考察，此事正史中没有记录。所幸初唐著名诗人陈子昂（661—702）有一篇题为《窅冥君古坟记铭》（见本书附录八）的文章，以当事人的身份记载了这件事：

> 神功元年，龙集丁酉。我有周金革道息。宝鼎功成，朝廷大宁，天下无事。皇帝受紫阳之道，延访玉京；群臣从白云之游，载驰瑶水。笙歌入至，玄鹄飞来。时余以银青光禄大夫忝在中侍，拥青旄之节，陪翠鸾之旗。……乃仰感王子晋，俯接浮丘公，行吹洞箫，坐弄云凤。……因登缑山，望少室，寻古灵迹，拟刻真容，得王子晋之遗墟，在永水之层曲。[1]

"宝鼎功成，朝廷大宁"是指对契丹战争的胜利。按《旧唐书·则天皇后本纪》记载，这场战争是从万岁通天元年五月（696年6月）一直打到了次年的九月（697年9月），为了纪念战争的胜利，武则天改元神功[2]。可以说战争的爆发搁置了上一年度封禅嵩山时就定下的升仙太子庙修建计划。而当战争一结束，武则天马上率群臣赴缑山勘察，足见她心头还没有忘记此事。《升仙太子碑》中记载了武

【1】参见徐鹏校点《陈子昂集》，中华书局，1960年，第138页。《陈子昂集》是陈子昂去世后其好友卢藏用（664—713）帮助整理而成，今人所见主要是明弘治年间杨澄校刻本。另外，在赵明诚《金石录》中，记载了一块名为《周窅冥君铭》的石碑："正书，无书撰人姓名，神功元年十月。"（参见［宋］赵明诚撰，金文明校证《宋本金石录》，中华书局，2019年，第77页。）"窅冥"即通陈子昂文题中"窅冥"，由此，判断武则天来缑山发生在神功元年十月左右。后来从南宋佚名《宝刻类编》开始，记载《周窅冥君铭》是薛稷撰并书。

【2】按照《旧唐书·则天皇后本纪》记载："载初元年（689）春正月，神皇亲享明堂，大赦天下。依周制，建子月为正月，改永昌元年十一月为载初元年正月，十二月为腊月，改旧正月为一月。"所以在武则天执政时期，每年的十一月为新一年的正月，每年的十月为当年的末月，所以于九月改元已经属于当年的年末了。参见［后晋］刘昫等撰《旧唐书》卷六本纪第六，中华书局，1975年，第120页。

则天车队仪仗的排场：

> 尔乃凤辇排虚，既造云霞之路；龙旗拂迥，方驰日月之
> 扃。后殿萦山，先锋蔽野，千乘万骑，钩陈指灵岳之前；谷
> 邃川停，羽驾陟仙坛之所。

其中"陟"是登高的意思，与陈文所记"因登缑山"可相印证；"仙坛之所"又对应陈文所记"王子晋之遗墟"。表明在武则天修升仙太子庙之前，就有一座旧的王子晋庙在山顶处。而与旌旗招展、浩浩荡荡的行列车队形成鲜明对比的，是武则天初见旧王子晋庙时的破败："山扉半毁"[1]"碉牖全倾"[2]，于是只好"更创今辰之制"[3]了。《升仙太子碑》文中还记载了武则天在圣历元年（698）派遣内官前去检查升仙太子庙工程进度的细节，"爰于去岁，尝遣内使往祠"[4]。直到圣历二年二月（699年3月）武则天赴嵩山途拜缑山，这时的新升仙太子庙已然是"穷工匠之奇精，傍临绝壑；尽山川之体势，上冠云霓"[5]了。

综上所述，我们可以对相关事件排一个时间表：

> 天册万岁二年腊月（696年1月），武则天封禅嵩山，封王子晋为升仙太子，计划重新立庙。

> 万岁通天元年五月（696年6月）至万岁通天二年九月（697年9月），对契丹作战，修庙计划搁置。

> 神功元年十月（697年10月），武则天率群臣考察缑山旧王子晋庙遗址，升仙太子庙破土动工。

> 圣历元年（698）某时，武则天派遣内官视察升仙太子

【1】参见《升仙太子碑》碑文。
【2】参见《升仙太子碑》碑文。
【3】参见《升仙太子碑》碑文。
【4】参见《升仙太子碑》碑文。
【5】参见《升仙太子碑》碑文。

庙工程进度。

圣历二年二月（699年3月），武则天赴嵩山途中，登临缑山视察升仙太子庙。

圣历二年六月（699年7月），立《升仙太子碑》。

所以，修建缑山升仙太子庙是武则天封禅嵩山时遗留的尾巴工程，是一直萦绕在女皇心头的一项计划。圣历二年二月(699年3月)恰好是封禅嵩山的三年之后，此次武则天的嵩山之行，或许本身就带有视察升仙太子庙的安排，不应是因为女皇途中生病这样一个偶然事件所致。否则，之前女皇也不会于国家大战结束之际亲临考察，之后也不会御制御书《升仙太子碑》了。

二、中古丰碑

东汉刘熙《释名》中解释："碑，被也。此本葬时所设也。施鹿卢（辘轳）以绳被其上，引以下棺也。臣子追述君父之功美，以书其上，后人因焉。无故建于道陌之头，显见之处，名其文就，谓之碑也。"【1】也就是说，碑最早是作为一种葬具，立于墓穴周围，其上穿引绳索，帮助将棺材放落穴中【2】。后来碑从葬具发展到纪念物，也就被赋予了更丰富的意义。从空间上讲，碑多呈竖立之态，令观者近而却步，驻足端详；从时间上讲，碑多为贞石之质，可以流传久远，名扬百代。

石碑的成熟化是在东汉，主要有墓碑和功德纪事碑，北魏又出现了宗教造像碑。汉魏时代的石碑高度并不太高，通常也就两三米左右。后来人们越发关注到碑的神圣意义以及高度带来的视觉震撼效

【1】参见［汉］刘熙撰，［清］毕沅疏证《释名疏证》卷六，清经训堂丛书本。
【2】1976年发现的陕西凤翔秦公一号大墓，其中就出土了这种葬具实物。

果，于是出现了利用山石岩壁模拟巨大石碑的做法。比如山西大同云冈石窟第七、八窟之间，古人依托岩壁凿刻出高13米左右的石碑，被认为是纪念北魏冯太后的功德（见图15）。还有山东邹城的北周铁山摩崖，刻于45度斜坡的花岗岩石坪上，为一圭形巨碑形状，南北长60余米（见图16）。

图15　山西大同　云冈石窟第七、八窟外观

图16　山东邹城　铁山摩崖

应该说这种依山拟巨碑的做法，至少包含了三个方面的传统。一是秦汉以来就存在着的纪功勒石传统，利用自然的岩壁将颂文摹刻于其上。二是东汉以来成熟的石碑传统，竖立之态的碑身，加上碑座碑首，形成一种约定俗成的纪念碑样式。第三是佛教传入之后北方开凿石窟寺的传统，人们在岩石上镌刻出巨大的造像，顺势也想到了在岩石上镌刻出石碑的样貌。这样的做法有两个好处：一是避免了开山凿石打磨碑材的成本；二是依托山石的自然面积，可以创造出巨大的石碑。而这种对于"巨碑"的追求，似乎又蕴藏着一种近天近神的宗教崇拜——毕竟在北朝之前的儒家文化语境中，纪念碑还没有出现过这种震撼的视觉效果。

汉魏碑刻的高度一般在两三米左右，南北朝时期碑刻高者，如南梁武帝普通三年（522）的《始兴忠武王碑》（即《萧憺碑》），通高达到5.6米[1]。进入唐代以后，单体石碑进一步发展成为"丰碑"。由于帝王将相等高级别统治阶层的直接参与，石碑的竖立成为中国封建社会成熟化阶段的一种特色文化景观。唐太宗贞观十一年（637）左右所立的《等慈寺碑》高度为4.7米（见图17）[2]，属于贞观年间碑刻高者。到了唐高宗时期，两块高宗御书碑：上元二年（675）的《孝敬皇帝睿德纪碑》和仪凤二年（677）的《李勣碑》通高分别达到了7.23米和7.5米（见图18-图19）[3]。我们注意到这两块碑的所立时间都是在上元元年（674），唐高宗与武则天并称"天皇

【1】此碑为［南梁］徐勉撰文，贝义渊书，在江苏南京。碑高数据参见徐耀新主编《南京文化志》，中国书籍出版社，2003年。

【2】此碑为［唐］颜师古撰文，无书者姓名，原立于河南省荥阳市汜水镇，已毁。碑高数据参见张叶露《唐〈等慈寺碑〉研究》，《中原文物》，2015年第3期。

【3】《孝敬皇帝睿德纪碑》在河南偃师唐恭陵，碑高数据参见赵振华、王竹林《东都唐恭陵》，《中国古都研究（第二十辑）》，2003年8月。《李勣碑》在陕西昭陵博物馆，碑高数据来自陕西昭陵博物馆《李勣碑》的官方文字介绍。

天后"之后。那么这种穹碑巨制的出现，有没有可能与"二圣"统治时期的一些观念有关？

武则天时期（包括临朝称制和称帝两个阶段），有九块重要的石碑。首先是嗣圣元年（684）所立纪念唐高宗的《述圣纪碑》，武则天撰文，唐中宗李显书，通高7.53米（见图20）[1]，刷新了《李勣碑》的高度。其次为万岁登封元年（696）封禅嵩山，设三坛立五碑：登封坛在太室山巅，是武则天祭天之所在，坛前立武则天撰文、李旦书《大周升中述志碑》和李峤撰文、书者不详《大周降禅碑》；封祀坛在少室山东麓万羊岗，是武则天祭地所在，坛前立武三思撰文、薛曜书《大周封祀坛碑》和薛稷书、撰者不详《大周封中岳碑》；朝觐坛在今嵩阳书院前，是武则天封禅结束后接受百官朝贺之所在，立有崔融撰文、书者不详《大周朝觐坛碑》。可惜这五块碑刻至今仅存《大周封祀坛碑》，高4.5米（不计碑座）。此外圣历二年（699）所立《升仙太子碑》，通高6.54米，这是现存公元8世纪之前的单体碑刻中高度为第四位、祠庙类碑刻高度为第一位的巨碑。进入8世纪之后，又有两块巨碑刷新了高度，即长安元年（701）和长安二年（702）武则天分别为其父武士彟和其母杨氏所立的《大周无上孝明高皇帝碑》和《大周无上孝明高皇后碑》，俗称"攀龙台碑"和"望凤台碑"。前者由李峤撰文，李旦书，在山西文水；后者由武三思撰文，李旦书，在陕西咸阳，两碑均毁于明代[2]。根据历史记载和相关数据分析，它们的高度均超过了10米[3]。这两块碑当属初唐至武周时期最高的石碑。后来唐玄宗开元时期的《西岳华山铭碑》和

【1】此碑在陕西乾陵，碑高数据来自陕西乾陵《述圣纪碑》的官方文字介绍。

【2】《望凤台碑》至今还有残块九件藏于咸阳博物馆，故又称《顺陵残碑》。

【3】《攀龙台碑》高度的数据参见梁恒唐、王师颜《谈〈攀龙台碑〉的存在与寻找发掘》，《山西省考古学会论文集》，1994年4月；《望凤台碑》的高度数据参见张德臣《唐顺陵碑散论》，《碑林集刊（十）》，2004年12月。

晚唐五代的藩镇节度使德政碑才达到这样一个高度[1]。

图17 河南荥阳《等慈寺碑》

图18 河南偃师恭陵《孝敬皇帝睿德纪碑》

【1】《西岳华山铭碑》立于开元十三年（725），唐玄宗御制并书，此碑已毁，残石现存陕西华阴西岳庙。根据《新唐书·吕向传》记载，此碑高五十余尺，大概在15米左右。河北大名的《何进滔德政碑》，通高12米，是现存最高的晚唐藩镇节度使德政碑。另有河北正定的《安重荣德政碑》残碑，据推测，原碑通高可达14到15米，是已知五代藩镇节度使德政碑中最高的。按照明代《永乐大典》中对《攀龙台碑》高五丈的记载来看，亦与《西岳华山铭碑》和《安重荣德政碑》高度不相上下。

图19 陕西礼泉昭陵《李勣碑》

图20 陕西乾县乾陵《述圣纪碑》

《升仙太子碑》虽然不是初唐和武周时代最高的纪念碑，但是它却拥有着独特的存在位置。诸如以上列举的《孝敬皇帝睿德纪碑》《李勣碑》《述圣纪碑》，其高度虽然超过《升仙太子碑》，但把它们置于宽阔的陵区之内，在高大的陵墓之前来看，则不免减弱几分魅力；至于嵩山封禅所立诸碑，更是掩映在群峰树丛之中。唯独《升仙太子碑》，以6.54米的高度矗立于单体土山缑山之顶，直指苍穹，令观众的仰视感更加强烈。

　　我们也可以把唐高宗与武则天时代这种穹碑巨制的出现放置到更大的文化视角中去看。唐高宗武则天夫妇似乎一直都在努力实现对"高"的追求，从其并称"天皇天后"的举动就可窥见一斑。唐高宗咸亨三年（672）开凿高度17米的龙门石窟奉先寺卢舍那大佛（见图21）；武则天证圣元年（695）开凿高度35.5米的敦煌莫高窟96窟大佛（见图22）；垂拱三年（687）武则天继承唐高宗遗愿修建"明堂"，高度90余米。随后又修建"天堂"，高度超过百米。

图21　河南洛阳　龙门石窟奉先寺卢舍那大佛

图22 甘肃敦煌 莫高窟96窟大佛

《新唐书·则天武皇后传》记载：

> 延载二年，武三思率蕃夷诸酋及耆老请作天枢，纪太后
> 功德，以黜唐兴周，制可。使纳言姚璹护作。乃大裒铜铁合
> 冶之，署曰"大周万国颂德天枢"，置端门外。其制若柱，
> 度高一百五尺，八面，面别五尺，冶铁象山为之趾，负以铜
> 龙，石镵怪兽环之。柱颠为云盖，出大珠，高丈，围三之。
> 作四蛟，度丈二尺，以承珠。其趾山周百七十尺，度二丈。
> 无虑用铜铁二百万斤。乃悉镂群臣、蕃酋名氏其上。[1]

此"天枢"实为一青铜纪念柱，集多国力量完成：号召人是波
斯大酋长阿罗撼；[2] 设计者是东夷（朝鲜半岛国家或者日本）工匠

【1】参见［宋］欧阳修、宋祁撰《新唐书》卷七十六列传第一，中华书局，1975年，
第3483页。

【2】根据《阿罗撼墓志》中记："为则天大圣皇后召诸蕃王建造天枢。"参见周绍
良主编《唐代墓志汇编》，上海古籍出版社，1992年，第1116页。

毛婆罗[1]；督造官是宰相姚璹，多国工匠参与铸造。柱身八面，高105尺，加上柱首、柱座，通高147尺左右，合46米左右。按《资治通鉴》记载，柱首造型为腾云承露盘，顶部有四龙立捧火珠；柱身有武则天榜书"大周万国颂德天枢"八个大字，并刻百官和各国元首姓名；柱座为铁山造型，有蟠龙、麒麟萦绕[2]。这是武周时代最豪华的纪念碑，立于洛阳皇城南门端门之外（见图23）[3]。

图23 "大周万国颂德天枢"复原想象图

可以说唐高宗与武则天时代的诸多穹碑巨制，在不断突破高度束缚的背后，是统治者对沟通天地的追求，是帝国傲立于世的气概，更是君王睥睨天下的梦想。武则天以其雄心造就了中古时代一座又一座帝国纪念碑。

【1】根据《资治通鉴》记载："工人毛婆罗造模。"参见［宋］司马光编著，［元］胡三省音注《资治通鉴》卷二百五唐纪二十一，中华书局，1956年，第6503页。

【2】参见［宋］司马光编著，［元］胡三省音注《资治通鉴》卷二百五唐纪二十一，中华书局，1956年，第6502页。

【3】此纪念柱存世仅20年左右的时间，唐玄宗开元中，"诏毁天枢，发卒熔铄，弥月不尽。"参见［宋］计有功辑撰《唐诗纪事》，上海古籍出版社，2013年，第190页。

第四章　升仙太子的历史原型

一、神秘的缑山古墓

有趣的是，在神功元年（697）缑山升仙太子庙破土动工之际，发生了一起考古事件，在《升仙太子碑》中有记：

> 方依福地，肇启仙居。开庙后之新基，获藏中之古剑。
> 昆吾挺质，巨阙标名，白虹将紫电争锋，飞景共流星竞彩。

这里挖出了一把古剑。"昆吾"是传说中周穆王时的名剑，"巨阙"是春秋欧冶子的名剑，均比喻出土古剑之年代久远。在《宵冥君古坟记铭》一文中，作为亲历者的陈子昂，对当年这起出土事件记载得更加具体：

> 庀徒方兴，畚锸攸作，乃得古藏焉。其藏上无封墠，内有甓瓦，南北长二丈二尺，东西阔八尺，中有古剑一，长尺余。铜碗一，并瓦器二。其器文彩怪异，非虫篆雕斫所能拟也。又有古五铢钱、朱漆片数十枚，初开时文彩可见，及帐拨之，应手灰灭，既无年代铭志，不知爵里官族。参验其事，已曾为人所开，于是抚之永怀。[1]

陈子昂的文章题目把缑山上的这次出土定位为"古坟"，而且认为它之前已被盗过。现代学者赵振华先生在其《武则天与缑山"宵冥

【1】参见徐鹏校点《陈子昂集》，中华书局，1960年，第138页。

君"》一文[1] 中，根据挖掘的长宽尺寸和出土的五铢钱等物，把这
个"古坟"定位为汉墓，笔者表示同意[2]。问题是它到底是西汉墓
还是东汉墓？是遗物冢还是确有墓主人[3]？这座墓和升仙太子庙的
前身旧王子晋庙是什么关系？是先有墓后有庙，还是先有庙后有墓？
这些问题前人从未有过关注。

但笔者以为这座墓的意义非同一般，因为它是汉墓，墓主人绝非
传说中升仙的王子晋，但它又奇怪地出现在旧王子晋庙的遗址之上。
如果是先有墓后有庙，那原庙为什么叫"王子晋庙"；如果是先有
"王子晋庙"后有汉墓，那又是谁有权力在逝世后下葬在祭奠先贤的
庙处？

对于这些疑问，似乎1300多年前的武则天、陈子昂也感到十分困
惑，于是只好给这位神秘的墓主人赐名曰"窅冥君"。窅冥者，渺茫
神秘也。

笔者猜测：这位神秘的"窅冥君"和王子晋之间是否有什么特殊
的关联之处，致使后世产生了一些美丽的误会呢？我们需要对缑山的
文化起源和王子晋的信仰来源进行追溯，或许能觅得一些蛛丝马迹。

二、王子乔的故事

关于升仙太子，《旧唐书》中提到"王子晋为升仙太子"，王
子晋的名字也直接被陈子昂使用，其《窅冥君古坟记铭》中提到"乃

【1】参见《洛阳工学院学报（社会科学版）》，2001年第2期。
【2】五铢钱从汉武帝元狩五年（前118）铸造，到唐高祖武德四年（621）废止，
从钱币名称上确实不能判断墓的时代，但是可判定墓的上限在西汉中期之后。而从其
出土的"铜碗"可知这是汉代青铜器衰落之前的事情。另外"朱漆片"也是汉代漆工
艺的体现。
【3】因为陈子昂的文字中并没有记录墓中有无尸骸。

仰感王子晋"。而武则天御制的《升仙太子碑》碑文中则说："升仙太子者，字子乔，周灵王之太子也。"所以这里就出现了"王子晋"和"子乔"两个名字。需要指出的是，其实这两个名字均不规范，因为在早期记载周灵王太子的文献《国语》和《逸周书》【1】中，只有"太子晋"的说法。《逸周书》中又把"太子晋"简称为"王子"，但是始终没有"王子晋"的说法，更没有"子乔"之称。因为古人对待身份的称谓是很严谨的，当身份和名字一起连用时，太子就是太子（如太子申生、太子丹），王子就是王子（如王子朝、王子午），公子就是公子（如公子小白、公子重耳），不大可能混用，更何况是周天子的太子。那么《升仙太子碑》里的说法又是从哪里来的呢？答案是东汉中后期成书的三部文献。

王符（约80—163）《潜夫论·志氏姓》：

周灵王之太子晋……故传称王子乔仙。【2】

应劭（约151—204）《风俗通义·正失》：

灵王太子晋……传称王子乔仙。【3】

佚名《列仙传》：

王子乔者，周灵王太子晋也。【4】

这三则材料均提到了"王子乔"和"太子晋"两个名字，并且在它们之间画了等号。这似乎就成了后来"王子晋"一名的来源："王子乔"+"太子晋"="王子晋"，"子乔"也就顺势成了"王子晋"的字。

但问题是，早期记载周灵王太子的文献《国语》和《逸周书》中，并没有"子乔""王子乔"的说法，东汉中后期成书的三部文献

【1】多数学者认为这两部书的成书年代在战国中期之前。
【2】参见［汉］王符原著，张觉译注《潜夫论全译》，贵州人民出版社，1999年，第727页。
【3】参见［汉］应劭撰，王利器校注《风俗通义校注》，中华书局，1981年，第86页。
【4】参见王叔岷撰《列仙传校笺》，中华书局，2007年，第65页。

中怎么就有了"王子乔"之名？我们不得不对"王子乔"的来源进行考证。事实上对于这个问题，前人已做了充分研究。如日本学者大形彻《松乔考——关于赤松子和王子乔的传说》[1]，裴建平、段素君、许宏欣《升仙太子王子晋考略》[2]和柏英杰、孙逊《王子乔传说考辨》[3]等等，不一而足。通过梳理，我们可以了解四位"王子乔"（或"王乔"）的形象。

（一）仙人王子乔

这种说法出现得最早，形成于西汉前期。在《楚辞·远游》[4]中有"轩辕不可攀援兮，吾将从王乔而娱戏。……见王子而宿之兮，审一气之和德。"[5]西汉庄忌《哀时命》中有："与赤松而结友兮，比王乔而为耦。"[6]但是这些记载中人物的名字都是"王乔"。而在西汉晚期刘向（约前77—前6）的《九叹·远游》中，又出现了"王侨"的说法："譬若王侨之乘云兮，载赤霄而凌太清。"[7]这明显也是位仙人形象。至于"王子乔"名字的真正出现，则是在东汉初期王充（27—97）的《论衡·道虚》中："世或以辟谷不食为道术之人，谓王子乔之辈以不食谷，与恒人殊食，故与恒人殊寿，逾百度世，遂为仙人。"[8]

应该说"王乔""王侨""王子乔"这些名字或为早期文献传抄时的讹误，或为多位王姓仙人形象的综合，早已无从考证。不过以上文献确立了仙人王子乔在西汉至东汉初期的基本形象：常与赤松子一

【1】中文译文发表于《复旦学报（社会科学版）》，1996年第4期。
【2】收录于喻清录主编《偃师古都研究文集（二）》，中国文化出版社，2008年。
【3】参见《南通大学学报（社会科学版）》，2013年第3期。
【4】这篇文献已被现代学者证明是在西汉前期形成。
【5】参见王泗原著《楚辞校释》，人民教育出版社，1990年，第301页。
【6】参见王泗原著《楚辞校释》，人民教育出版社，1990年，第368页。
【7】参见王泗原著《楚辞校释》，人民教育出版社，1990年，第436页。
【8】参见黄晖撰《论衡校释》，中华书局，1990年，第335页。

起出现，不食，靠呼吸导引养生长寿，最后得道升仙。[1]

而到了东汉中期以后，故事出现了变体。一是东汉中期王逸的《楚辞章句》中注释屈原《天问》，其中讲到王子乔（此又是一种写法）化为白蜕和尸体化为大鸟的故事[2]；二是收录于北魏郦道元《水经注》的《王子乔碑》，其中讲到了王子乔化为大鸟、复活又消失的故事（见本书附录五）。《楚辞章句》和《水经注》对王子乔故事的细节刻画明显超出了西汉至东汉初期的记载，因此也有学者认为这是另外一位王子乔，但总的来看仍然属于仙人形象。值得注意的是，在《水经注》中，记载了王子乔墓在梁国蒙县北边的薄伐城，即今山东省曹县南、河南省商丘北，这是东汉官方政府首次确定王子乔墓的地点[3]。

（二）太子王子乔

即周灵王的太子晋。关于他的原型，在《国语·周语下》中有《太子晋谏灵王壅谷水》的故事（见本书附录三）。说的是东周灵王二十二年（前550）的时候，谷水和洛水泛滥，周灵王想要堵住谷水，太子晋进谏讲了一番治水的道理，但是周灵王没有采纳还是堵了谷水，周王室从此开始衰败。[4] 而在《逸周书·太子晋解》中，讲了太子晋在15岁的时候先后与晋国使臣叔誉、师旷论辩的事，塑造

【1】实际上这种仙人形象早在《庄子·逍遥游》中就有其原型："藐姑射之山，有神人居焉。肌肤若冰雪，绰约若处子，不食五谷，吸风饮露，乘云气，御飞龙，而游乎四海之外。"参见陈鼓应注释《庄子今注今译（最新修订版）》，商务印书馆，2016年，第28页。

【2】参见[汉]王逸撰，黄灵庚点校《楚辞章句》，上海古籍出版社，2017年，第76页。

【3】在《水经注·汳水》部分，郦道元引用晋人杜预的话，说梁国蒙县北边的薄伐城内有成汤冢，但是郦道元看到这座冢侧立有"仙人王子乔碑"（参见[北魏]郦道元著，陈桥驿校证《水经注》，中华书局，2013年，第535页）。此碑在后世被传为蔡邕所写，收入《蔡邕集》。

【4】参见上海师范大学古籍整理组校点《国语》，上海古籍出版社，1978年，第101页。

出一位贤明的储君形象（见本书附录四）。在这篇故事的结尾，太子晋预测到自己病逝的时间："吾后三年上宾于帝所"【1】，不出三年（也就是十七八岁的时候），他果然英年早逝。

这两篇在战国中期形成的文献记载并没有死后升仙的情节。到了东汉中后期的《潜夫论》和《风俗通义》，这两部书的相关记载雷同，提到了"世人以其豫自去期，故传称王子乔仙"【2】的说法。这是根据《逸周书》中太子晋预期自己寿命的情节，把他附会到仙人王子乔的故事中。而随后的《列仙传》【3】记载就更加富有戏剧性了，将王子乔正式说成是太子晋，并将整个故事改头换面：

> 王子乔者，周灵王太子晋也。好吹笙作凤凰鸣，游伊、洛之间，道士浮丘公接以上嵩高山。三十余年后，求之于山上，见桓良曰："告我家，七月七日待我于缑氏山巅。"至时，果乘白鹤驻山头。望之不得到，举手谢时人，数日而去。亦立祠于缑氏山下及嵩山首焉。【4】

这个故事在后来传颂最广，如南梁刘昭注释《后汉书》时就曾多处引用。问题是这个"王子乔"，虽然从身份上和"太子晋"成了一个人，但是其事迹貌似横空出世，既没有了仙人王子乔的导引升仙、变化尸解，又没有了太子晋的进谏灵王、论辩使臣，反倒凭空出现了浮丘度化、驾鹤升仙的情节，着实让人疑惑。而且在这则故事里多了两个人物：浮丘公、桓良；多了两个时间：三十余年、七月七日；多

【1】参见黄怀信、张懋镕、田旭东撰，黄怀信修订，李学勤审定《逸周书汇校集注（修订本）》，上海古籍出版社，2007年，第1032页。

【2】参见《潜夫论·志氏姓》。《风俗通义·正失》中的文字是："后世以其自豫知其死，传称王子乔仙。"参见[汉]应劭撰，王利器校注《风俗通义校注》，中华书局，1981年，第86页。

【3】《列仙传》旧题为西汉刘向撰，但是今天学者普遍认为其产生年代在东汉后期到魏晋。

【4】参见王叔岷撰《列仙传校笺》，中华书局，2007年，第65页。

了两座山：缑山、嵩山，这是文献中第一次把缑山和王子乔（太子晋）联系到一起。桓良是谁，我们在《列仙传》之前的文献中未曾找到这个人物，在一些文献中"桓"也被写成"柏"或者"栢"（柏的异体字）。浮丘公倒是有一个原型人物：浮丘伯。他是齐国人，生活在战国末期至西汉初年，在《汉书·楚元王传》中有记，说楚元王刘交和鲁申公申培等人曾从学于浮丘伯，浮丘伯一直生活到吕后时去世于长安[1]。而《列仙传》中出现的两个时间就更匪夷所思了。前文说过仙人王子乔是长寿而升仙，太子晋是十七八岁去世。按《列仙传》的说法，主人公作为青年太子形象，最晚也是20多岁遇到浮丘公，三十余年后则应该是50多岁，这和以前的王子乔、太子晋最终年龄均不符合。至于"七月七日"，作为一个时间名词，最早见载于西汉《淮南万毕术》，后来慢慢被赋予了制药养生、穿针乞巧、七夕等文化内涵，这里不再赘述。

所以，《列仙传》里的王子乔，是东汉后期人们将仙人王子乔的名字和周灵王太子晋的身份合二为一的产物。他们抛弃了之前的故事情节，生成了于缑山之上驾鹤升仙的形象，是为"太子王子乔"，也就是"王子晋"。

问题是"缑山""桓良"到底是怎么和"太子王子乔"联系到一起的？前代学者并未给出过正面回答。或说缑山和汉武帝有关，但其实汉武帝去过的是缑氏城，和缑山无关[2]。或说缑山是西王母的修

【1】参见[汉]班固撰《汉书》卷三十六，中华书局，1964年，第1921页。另据清代王昶《金石萃编》卷一百四十六中引《列仙传》，说浮丘伯"姓李，居嵩山修道，亦修道于缑山"。这一说法应该是后人附会，在现存《列仙传》文本中找不到这句话，其他文献中也未见此说法。

【2】《史记·封禅书》中记载："公孙卿候神河南，言见仙人迹缑氏城上，有物如雉，往来城上。天子亲幸缑氏城视迹。"参见[汉]司马迁撰《史记》卷二十八封禅书第六，中华书局，1959年，第1396页。

道之地，道家福地，但这种说法直至宋代之后才出现[1]。

图24 陕西靖边 杨桥畔东汉壁画墓 乘鹤仙人形象

（三）叶令王乔

在东汉后期应劭的《风俗通义·正失》中，还记载了一个王乔，说他是河东人，东汉明帝时为尚书郎，后来为叶县县令。王乔有神术，每次回朝报到时，不见其人，只见一双鞋子从东南方向飞来，后来他也预感到自己的死期。他死后葬于叶县城东，百姓为他立了叶君祠。《风俗通义》最后说：“言此令即仙人王乔者也。”[2]《风俗通义》所记载的王乔，其人其事后来也进入了《后汉书·方术列传》。

在这则文献里，自始至终没有出现“王子乔”的名字，所以实际上是把汉明帝时的王乔作为一个会神术的人，附会到仙人王子乔早期的名字上，和前面两位王子乔都没有直接联系。而且文献里明确说他的生活区域是叶县，属于今天的河南省平顶山市，距离偃师缑山较

【1】《太平广记·女仙》中最早记载：“西王母姓缑，乃姑之祖也。……又曰，河南缑氏乃王母修道之故山也。”参见[宋]李昉等编《太平广记》，中华书局，1961年，第436页。
【2】参见[汉]应劭撰，王利器校注《风俗通义校注》，中华书局，1981年，第82页。

远；卒后的祠堂名字叫"叶君祠"，与"王子乔""王子晋"的名称也很难联系到一起。

（四）柏人令王乔

在东汉末年高诱（约157—？）所注的《淮南子·齐俗训》中，有这样一条记载："王乔，蜀武阳人也，为柏人令，得道而仙。"[1]在《史记·封禅书》中，唐代司马贞《索隐》引魏晋裴秀（224—271）《冀州记》："缑氏仙人庙者，昔有王乔，犍为武阳人，为柏人令，于此得仙，非王子乔也。"[2]还有《后汉书·郡国志》关于犍为郡的记载中，南梁刘昭注释部分引东晋任豫《益州记》："（武阳）县有王乔仙处，王乔祠今在县。"[3]这三个材料共同勾勒出另一位叫王乔的人：四川犍为郡武阳县人，在柏人县当县令，柏人县位于今天的河北省隆尧县。上述材料均未提到他是西汉人还是东汉人，笔者更倾向于其为东汉人，因为这位王乔在文献中出现的最早时间已经到了东汉末年。

三、缑山墓主的身份

令笔者怀疑的是，最后这位柏人令王乔很有可能就是那座缑山汉墓的主人，也是把王子乔、太子晋故事最早与缑山连在一起的现实原型！

原因有四：一是按文献判断，裴秀的《冀州记》明确说到"缑氏仙人庙"与来自犍为武阳的柏人令王乔有关，并且还非常肯定地加了一句"非王子乔也"。可见作为曹魏至西晋间的地理学家裴秀，是做

【1】参见［汉］刘安等编著，高诱注《淮南子》，上海古籍出版社，1989年，第116页。

【2】参见［汉］司马迁撰《史记》卷二十八封禅书第六，中华书局，1959年，第1369页。

【3】参见［南朝·宋］范晔撰，［唐］李贤等注《后汉书》卷一百一十三志第二十三，中华书局，1965年，第3510页。

过严谨考察的。二是按地理方位推测，此王乔在河北柏人县做官，有可能是因为有事需要回到首都（长安或洛阳），或者因为病重需要回到四川老家，无论哪种情况，都是往西南方向行走，应当是走到缑山时病故，于是就埋在了这里。所以裴秀说"于此得仙"。原因之三，《列仙传》的故事中，莫名其妙出现了一个"桓良"，在之前的战国、两汉文献中均搜不到这个人。"桓"与"柏"字形接近，有没有可能"桓良"就是从"柏人令"演变而来的名字呢？如果是，则《列仙传》中首次把"缑山"和"王子乔"联系在一起也就合情合理。因为这位"桓良"（即柏人令王乔）就是在缑山病故的。《列仙传》中讲"王子乔"让"柏良""告我家"，实际上有可能就是"柏人令王乔"让人去通知家乡亲人自己快要死了。而《列仙传》中把"柏人令王乔"这个人物原型拆解成了"王子乔"和"桓良"，又赋予"王子乔"一个高贵的东周太子身份。因为太子晋也具有对自己死期预言的能力，柏人令王乔与之类似。我们再从以上几部文献产生的时代顺序来看：高诱的《淮南子注》产生于东汉末年，其中记载了柏人令王乔；《列仙传》的产生时代，有人认为在东汉后期（这样就跟高诱的生活年代差不多），也有人认为晚至魏晋（这样就跟裴秀的生活年代差不多），其中记载了王子乔、桓良、缑山。这两部文献的关键词不同，所以没法对证什么，但《列仙传》和裴秀的《冀州记》之间倒是可以比对一下。假如说《列仙传》的诞生是在东汉后期，也就是在裴秀的记载之前，裴秀说缑氏仙人庙和王子乔没关系，和柏人令王乔有关，这明显是否定《列仙传》的口吻，因为《列仙传》首先把王子乔和缑山联系到一起。假如说《列仙传》的诞生时间是在魏晋，即和裴秀的记载是同时期，那我们也更愿意相信裴秀的记载，毕竟《列仙传》只是一部神话故事集。假如说《列仙传》的诞生时间比裴秀的记载还晚，那更加说明《列仙传》中"缑山升仙"和"桓良"的信息是参考前人裴秀的文字杜撰出来的。

还有原因之四：通过缑山汉墓中的出土物判断。可以回忆一下那座墓里出土了什么："古剑一，长尺余。铜碗一，并瓦器二。其器文彩怪异，非虫篆雕斫所能拟也。又有古五铢钱、朱漆片数十枚。"【1】上述列举的四位王子乔（或王乔），一是文学中的仙人，属于虚构形象；一是东周的太子，和五铢钱无关；一是叶县的县令，地理方位不合，只有最后一位柏人令王乔和这座墓的出土文物或许能建立一些联系。陈子昂文中"文彩怪异"一词，给人的第一印象并不是中原器物的观感，而"柏人令王乔"恰好是蜀人；出土了"古剑"，说明墓主人有可能是一位士大夫，符合王乔的县令身份；"五铢钱"或许人人都有，但是"朱漆片数十枚"则表明和文书有关，也可以联系到墓主人应该是官吏身份。

当然对于上述文献的记载，还有一处需要考证，就是东晋任豫于《益州记》中提到的犍为郡武阳县"王乔祠"是怎么回事？如果那座"王乔祠"才是柏人令王乔的真实宿地（因为那里毕竟是柏人令王乔的老家），是不是说明裴秀的考察结果就是错误的，就是讹传。以上的结论就应该推翻？所以我们还需要查证任豫的说法是怎么来的。任豫是东晋后期至南朝宋时人，在他之前，东晋前期有常璩的《华阳国志》，这是现存最早的关于四川地区的地方志文献。而在《华阳国志·蜀志》中，确有一些记载："王乔升其北山，彭祖家其彭蒙。"【2】"武阳县郡治有王乔、彭祖祠。"【3】"大贤彭祖育其山，列仙王乔升其冈。"【4】都明确点出了武阳县有王乔祠，这正是后来

【1】参见徐鹏校点《陈子昂集》，中华书局，1960年，第139页。

【2】参见［晋］常璩撰，刘琳校注《华阳国志校注》，巴蜀书社，1984年，第273页。

【3】参见［晋］常璩撰，刘琳校注《华阳国志校注》，巴蜀书社，1984年，第279页。

【4】参见［晋］常璩撰，刘琳校注《华阳国志校注》，巴蜀书社，1984年，第330页。

任豫《益州记》的记载来源。那么《华阳国志》里的"王乔"到底是"仙人王子乔"还是"柏人令王乔"呢？笔者认为已经不重要了。原因在于：如果是仙人王子乔，上述《华阳国志》的几处记载里一直把他和彭祖并称，这完全符合仙人对偶的叙事形式。如果是柏人令王乔，《华阳国志》提到了"列仙王乔"的说法，而在《华阳国志》写作的年代，《列仙传》早已诞生，那其实正好印证了笔者前面的所有猜测：《列仙传》中"太子王子乔"的实际原型就是柏人令王乔，也就是间接承认了他在缑山升仙（去世），间接佐证了裴秀的记载。再退一步说，即使柏人令王乔确实叶落归根，遗骨被运回故乡建立了王乔祠，但基于《华阳国志》中的"列仙王乔"说法和《列仙传》、裴秀《冀州记》记载，通过三部文献之间的相互印证，仍然可以推理出缑山和柏人令王乔存在一定关联。

通过以上分析，笔者认为柏人令王乔很有可能就是"桓良"的原型，缑山汉墓很有可能就是柏人令王乔的墓。因为只有这样才能解释王子乔（太子晋）升仙的地点为什么是缑山，以及为什么凭空出现了一位"桓良"。所以最后结论是：

太子王子乔（王子晋）的形象在东汉后期形成的《列仙传》中正式确立，这个形象实际由三部分构成：一是仙人王子乔，为其提供了神仙身份；二是周灵王太子晋，为其提供了人间身份，三是柏人令王乔，为其提供了现实原型和升仙地点。

四、从王子乔到王子晋

从《列仙传》和裴秀《冀州记》的时代开始，嵩山、缑山成了王子乔（王乔）信仰的重要根据地。《晋书·赵王伦传》记载，参与"八王之乱"的赵王司马伦，其手下重要亲信孙秀曾指使人在嵩山装神弄鬼，诈称王乔下凡：

> 秀家日为淫祀，作厌胜之文，使巫祝选择战日。又令近
> 亲于嵩山著羽衣，诈称仙人王乔，作神仙书，述伦祚长久以
> 惑众。【1】

可见在西晋时，王子乔（王乔）信仰甚至发展成为统治阶层之间权力斗争的舆论武器。

笔者注意到，直至西晋时期，文献中使用的称谓一般都是"王子乔""王乔""太子晋"，那么"王子晋""子晋"这两个非正式的称呼又是出现于什么时候呢？根据文献检索，现存文献中最早出现"子晋"称呼的是东晋葛洪（283—363）的《抱朴子》："马皇乘龙而行，子晋躬御白鹤。"【2】"昔子晋舍视膳之役，弃储二之重，而灵王不责之以不孝。"【3】在北魏郦道元（约469—527）的《水经注》中，又出现了"王子晋"的称呼。《水经注》卷十五中，郦道元引西汉《开山图》的记载：

> 缑氏原，《开山图》谓之缑氏山也。亦云仙者升焉，
> 言王子晋控鹄斯阜，灵王望而不得近，举手谢而去，其家得
> 遗屣。俗亦谓之为抚父堆，堆上有子晋祠。或言在九山，非
> 此，世代已远，莫能辨之。刘向《列仙传》云：世有箫管之
> 声焉。【4】

这段记载中，"王子晋"正式出现，并且出现了一个"子晋

【1】参见［唐］房玄龄等撰《晋书》卷五十九列传第二十九，中华书局，1974年，第1603页。

【2】参见王明著《抱朴子内篇校释（增订本）》，中华书局，1986年，第15页。

【3】参见王明著《抱朴子内篇校释（增订本）》，中华书局，1986年，第153页。

【4】参见［北魏］郦道元著，陈桥驿校证《水经注》，中华书局，2013年，第354页。《开山图》又称《遁甲开山图》，西汉纬书，已佚，其内容为《水经注》《后汉书》等书所引。

祠"。说明在郦道元的时代，这里的信仰已然是《列仙传》所树立起的太子王子乔，而不是裴秀在《冀州记》里力图证明的柏人令王乔。但是这里又出现了一个新问题：郦道元笔下的"子晋祠"，是之前《列仙传》中提到的那座祠庙或者是裴秀所记载的"缑氏仙人庙"吗？

按《列仙传》中所说：

> 王子乔者，周灵王太子晋也。……亦立祠于缑氏山下及嵩山首焉。[1]

按裴秀《冀州记》中所说：

> 缑氏仙人庙者，昔有王乔，犍为武阳人，为柏人令，于此得仙，非王子乔也。[2]

从裴秀否定缑山地区王子乔信仰的口气来看，这座"缑氏仙人庙"，应该就是《列仙传》中所说的那座祠庙。鉴于无法判断柏人令王乔在两汉期间的具体生活时段，我们也就无从得知这座祠庙具体是什么时候出现[3]，但能确定的是直到西晋初期它还存在。

再看郦道元的记载："堆上有子晋祠。"能直接用"子晋"名称，说明此祠的产生年代在《列仙传》故事传播流行之后，而且此祠位于山上，明显不是之前那座在山下的"缑氏仙人庙"。按郦道元的生卒年是约公元469年至527年，裴秀的卒年是公元271年，两人的生活年代相隔了两个多世纪，因此笔者以为真实的情况是这样的：

西晋末年，北方地区陷入胡人入侵的战乱，从公元311年匈奴人刘聪攻占西晋首都洛阳，到439年北魏太武帝拓跋焘重新统一北方，在这纷乱的十六国时期里，原先的那座"缑氏仙人庙"因为地处山

【1】参见王叔岷撰《列仙传校笺》，中华书局，2007年，第65页。
【2】参见［汉］司马迁撰《史记》卷二十八封禅书第六，中华书局，1959年，第1369页。
【3】不可能早过汉武帝元狩五年（公元前118），因为之前还没有五铢钱。

下，早已不知于何时毁于战火。数年之后，在《列仙传》故事的传播影响下，人们又在缑山之上新修了一座庙。此时人们的观念中已然不知道柏人令王乔为谁，只知道王子晋的存在，所以郦道元笔下的"子晋祠"就诞生了。在这一系列推测下，必然又产生出两个新问题：一是《列仙传》故事在西晋至北魏郦道元之前的时间里，是否得到广泛传颂，从而成为民众熟悉的信仰？二是这座"子晋祠"最有可能是什么时候建立的？

第一个问题的答案是肯定的。在今天留存的许多魏晋南北朝诗文中，我们都可以看到《列仙传》版太子王子乔（王子晋）的典故，如西晋阮籍的《咏怀》："王子十五年，游衍伊洛滨。……焉见浮丘公，举手谢时人。"[1] 东晋孙绰的《游天台山赋》："王乔控鹤以冲天。"[2] 南朝谢灵运的《王子晋赞》（见图25）："淑质非不丽，难以之百年。储宫非不贵，岂若登云天。王子爱清净，区中实嚣喧。冀见浮丘公，与尔共缤翻。"[3] 北齐魏收的《魏书》中记载文成帝的一个孙子元延明（孝文帝的同辈兄弟），说他"注《帝王世纪》及《列仙传》"[4]。这一信息直接表明《列仙传》在北魏高层的传播。更令笔者意外的是，正是在北魏时期就有一块《王子晋碑》。赵明诚《金石录》中记载："后魏王子晋碑，延昌四年十月。"[5] 延昌四年是公元515年，孝明帝时[6]，这正是郦道元生活

【1】参见李志钧等校点《阮籍集》，上海古籍出版社，1978年，第114页。

【2】参见［南朝·梁］萧统选，［唐］李善注，韩放主校点《昭明文选》，京华出版社，2000年，第298页。

【3】参见顾绍伯校注《谢灵运集校注》，中州古籍出版社，1987年，第349页。

【4】参见［北齐］魏收撰《魏书》卷二十列传第八，中华书局，1974年，第530页。

【5】参见［宋］赵明诚撰，金文明校证《宋本金石录》，中华书局，2019年，第35页。其中"后魏"即指北魏，区别于之前曹魏。

【6】延昌本是宣武帝的年号，延昌四年正月宣武帝去世，孝明帝即位，次年才改元。这块碑早已佚失，2015年西泠印社秋季拍卖会中出现了此碑的宋拓本。

的时代。另外南宋郑樵《通志》中还记载："后魏升仙太子碑，梁雅义，西京。"[1]"后魏王子晋碑，延昌四年，未详。"[2]可知北魏至少还存在另外一块《升仙太子碑》。由此可见王子晋信仰在南北朝时期已经发展成熟。

图25　河南邓县　学庄村南朝画像砖墓　王子乔与浮丘公形象

　　至于郦道元笔下的"子晋祠"是在什么时候建立，笔者推测是北魏明元帝、太武帝两朝，寇谦之（365—448）在道教改革时候发生的事。因为这个时间段是从十六国到北魏以来北方政权最崇尚道教的时期。寇谦之，字辅真，上谷郡昌平县（今北京市昌平区）人。在嵩山修道三十余年，数次假托张天师身份对道教进行整合改革，后来在崔浩（约381—450）的引荐下成为太武帝拓跋焘的国师。从此北魏大肆发展道教，兴建道观，连太武帝给自己的年号都成了"太平真君"。《水经注》卷十三中有这样的记载："大道坛庙，始光二年（425）少室道士寇谦之所议建也，兼诸岳庙碑，亦多所署立。"[3]缑山是

【1】参见［宋］郑樵撰，王树民点校《通志二十略》，中华书局，1995年，第1857页。在宋代，"西京"指洛阳。
【2】参见［宋］郑樵撰，王树民点校《通志二十略》，中华书局，1995年，第1858页。在宋代，"西京"指洛阳。
【3】参见［北魏］郦道元著，陈桥驿校证《水经注》，中华书局，2013年，第301页。

嵩山的外围小山，更是嵩山和洛阳两地之间往来的必经地点，是否属于文献中所说的"诸岳"呢？答案显而易见。所以"子晋祠"应该就是在寇谦之道教改革时应运而生。尽管在裴秀的记载中，已努力证明缑氏地区与王子晋无关，但是在《列仙传》故事的传播下，在北魏寇谦之的道教改革中，缑山正式被认定为王子晋的仙居场所。北魏所建起的这座"子晋祠"，因为位于缑山之上，所以它就是武则天最初看到的旧王子晋庙。即使在北魏至初唐间有过一些修缮，基址应该没有太大变动。

在魏晋开始形成的中国南北方长期分裂过程中，道教南传，自东吴孙权在浙江天台山建造道观，安置道士葛玄，天台山成了道教南宗的祖庭道场，王子乔（王子晋）的信仰也逐渐在南方传播开来。在道教上清派茅山宗创始人陶弘景（456—536）所整理的道经著作《真诰》中，王子乔被封为天台山的仙官"桐柏真人右弼王领五岳司侍帝晨"[1]，在南北朝佚名道经《元始上真众仙记》中，王子乔又被封为"金阙侍中"[2]。

《真诰》系东晋杨羲、许谧、许翙等道士编写，据说最初传自上清派第一代宗师魏华存（252—334），后由南朝陶弘景进行整理[3]。在这部道藏经典中，首次出现了对王子乔视觉形象的描绘：

> 一人年甚少，整顿非常，建芙蓉冠，著朱衣，以白珠缀衣缝，带剑……云是桐柏山真人王子乔也。[4]

【1】参见张继禹主编《中华道藏》第2册，华夏出版社，2004年，第112页。底本出于《正统道藏·太玄部》。

【2】参见张继禹主编《中华道藏》第2册，华夏出版社，2004年，第632页。底本出于《正统道藏·太玄部》。

【3】参见［日］吉川忠夫、麦谷邦夫编，朱越利注《真诰校注》，中国社会科学出版社，2016年，译者序言。

【4】参见张继禹主编《中华道藏》第2册，华夏出版社，2004年，第117页。

这段描写在后世被各种演绎王子乔故事的文献直接使用，似乎成了一种约定俗成的形象设计。如《升仙太子碑》中就有"仙冠岌岌，表嘉称于芙蓉。"

此外《真诰》中还记载了一个关于王子乔墓的传说：

> 王子乔墓在京陵，战国时复有发其墓者，唯见一剑在室，人适欲取视，忽飞入天中也。【1】

不知这一情节的底本依据为何，所谓"京陵"，按西晋杜预注《春秋左传正义》中解释："绝高曰京，大阜曰陵。"【2】京陵指高丘大阜，非具体地名，与《水经注》中指出的王子乔墓所在地梁国薄伐城无关。关于王子乔墓出宝剑的传说，在之前各种涉及王子乔的文献中均找不到，笔者以为这是古人在道教故事写作中，对尸解文化的一种程式化表达。【3】在本章开始时所提到的武则天神功元年（697）缑山古墓现世一事中，当时也有一把古剑出土，陈子昂也曾在出土现场联想到"昔王乔古坟，唯留一剑"【4】。但还是站在理性的角度，没有直接把缑山古墓认定为陶弘景提到的王子乔墓。

总之，正是魏晋南北朝时期南北方地区同时对王子乔（王子晋）信仰的确立，共同奠定了唐人对"升仙太子"的认知基础。

【1】参见张继禹主编《中华道藏》第 2 册，华夏出版社，2004 年，第 207 页。

【2】参见［晋］杜预注，［唐］孔颖达疏《春秋左传正义》卷第三十六，清嘉庆二十年南昌府学重刊宋本十三经注疏本。

【3】道教认为道士得道后可遗弃肉体而仙去，或不留遗体只假托一物，如衣、杖、剑，谓之尸解。在《真诰》中，除有王子乔墓出宝剑，还有黄帝、帝喾墓中出宝剑的记载。

【4】参见徐鹏校点《陈子昂集》，中华书局，1960 年，第 139 页。

第五章　升仙太子的现实原型

一、孝敬皇帝李弘

回顾女皇封禅嵩山时所封诸神：

> 尊神岳天中王为神岳天中皇帝，灵妃为天中皇后，夏后启为齐圣皇帝，封启母神为玉京太后，少室阿姨神为金阙夫人，王子晋为升仙太子，别为立庙。【1】

一共是六位神仙，五位在嵩山，一位在缑山，所以"别为立庙"，很明显封王子晋有凑数之嫌。问题是为什么要拉王子晋凑数？分析一下这些神仙之间的关系即可知端倪：神岳天中皇帝和天中皇后为夫妇关系，实际指轩辕黄帝夫妇【2】，为嵩山主神。齐圣皇帝即夏启，传说大禹的第一个妻子涂山氏生夏启于太室山，所以涂山氏被封为玉京太后，这一对母子为太室山主神。还有少室山，传说大禹的第二个妻子涂山氏之妹在这里生活，所以按照"玉京""金阙"

【1】参见［后晋］刘昫等撰《旧唐书》卷二十三志第三，中华书局，1975年，第891页。

【2】神岳天中皇帝与天中皇后封号中的"皇"字属于讹误，在《新唐书》和《资治通鉴》等书中均作"黄"，指轩辕黄帝夫妇。轩辕黄帝作为嵩山主神的依据来源于《元始上真众仙记》："太昊氏为青帝，治岱宗山；颛顼氏为黑帝，治太恒山；祝融氏为赤帝，治衡霍山；轩辕氏为黄帝，治嵩高山；金天氏为白帝，治华阴山。右五氏为五帝。"参见张继禹主编《中华道藏》第2册，华夏出版社，2004年，第632页。底本出于《正统道藏·洞真部·谱箓类》。

的对仗[1]，封涂山氏为金阙夫人，为少室山主神。但是金阙夫人没有儿子，无法与太室山的夏启母子形成对仗关系，得为其找一个"儿子"，武周朝廷就想到了王子晋。选择王子晋的原因有三：一是地理原因。太室山居东，少室山居西，而王子晋所在的缑山恰好在少室山一侧，且为孤立山头，方位距离都合适。二是文化原因。王子晋本身就具有太子的身份原型，身份尊贵，且又与武则天有着"血缘"上的联系。王子晋是周王朝的太子，武则天的国号也是周，并且武氏尊姬周王室为祖先[2]。三是宗教原因。前文说过在《元始上真众仙记》中，王子乔就被冠以"金阙侍中"的封号，于是和武则天新封的"金阙夫人"完美衔接。

因此笔者认为，武则天分封嵩山诸神，一定有一种对"母子关系"布局设计的考虑在其中。这既是为了满足嵩岳诸神之间的对仗关系，也是出于女性本能所产生的想法。

那么，王子晋只是升仙太子的历史原型，武则天有没有自己心中所属的"儿子神"，也就是升仙太子的现实原型呢？

尽管按照《旧唐书·张行成传》的说法，张昌宗是王子晋的化身："时谀佞者奏云，昌宗是王子晋后身，乃令被羽衣吹箫乘木鹤奏乐于庭，如子晋乘空，辞人皆赋诗以美之。"[3]但是显然，张昌宗兄弟作为武则天的男宠，在一代女皇心中恐怕还没达到被神化的地步，首先可以排除。更关键的证据在于：册封升仙太子是天册万岁二年（696）嵩山封禅时候的事情，张氏兄弟是次年才被太平公主介绍到武则天身边来。

【1】传说"玉京"是元始天尊的居所，"金阙"是太上老君的居所，后来人们将"玉京""金阙"连用，泛指仙界洞府。

【2】前文说过，按《元和姓纂》记载，武姓来源于周平王少子姬武。

【3】参见［后晋］刘昫等撰《旧唐书》卷七十八列传第二十八，中华书局，1975年，第2706页。

笔者认为，武则天明封升仙太子，实则内心在纪念自己逝去的儿子——孝敬皇帝李弘（652—675）[1]。

李弘是武则天的长子，为皇太子，24岁英年早逝，被追谥为孝敬皇帝。关于李弘的去世，历史上有三种不同的说法。

（一）病死说

《旧唐书·高宗本纪》载：

> （上元）二年……夏四月……己亥，皇太子弘薨于合璧宫之绮云殿。时帝幸合璧宫，是日还东都。五月己亥，追谥太子弘为孝敬皇帝。[2]

《旧唐书·高宗中宗诸子传》载：

> 上元二年，太子从幸合璧宫，寻薨，年二十四。制曰："皇太子弘，生知诞质，惟几毓性。……沉瘵婴身……庶其痊复……及腠理微和……旧疾增甚……朕之不慈，遽永诀于千古。天性之重，追怀哽咽，宜申往命，加以尊名。夫谥者，行之迹也；号者，事之表也。慈惠爱亲曰'孝'，死不忘君曰'敬'，谥为孝敬皇帝。"[3]

《旧唐书》中说到李弘去世的原因，是一直体弱多病所致，具体来说就是"瘵"，即肺结核。

【1】关于这一认识，成都中医药大学教授王家葵和复旦大学汉唐文献工作室的唐雯女士也都持类似观点。王家葵先生认为，在武则天晚年选择接班人的背景中，由于李显、李旦的暗弱无能，女皇想起了富有政治天才的李弘，于是建庙立碑纪念。（参见王家葵著《玉叩读碑：碑帖故事与考证》，四川文艺出版社，2016年。）唐雯女士认为李弘的直言敢谏形象和逝后恭陵选址缑氏，都表明与王子乔存在联系。（参见唐雯《〈升仙太子碑〉的生成史及其政治内涵重探》，《文汇报》，2018年3月30日。）
【2】参见［后晋］刘昫等撰《旧唐书》卷五本纪第五，中华书局，1975年，第100页。
【3】参见［后晋］刘昫等撰《旧唐书》卷八十六列传第三十六，中华书局，1975年，第2830页。

（二）武则天毒杀说

这一说法同样出于《旧唐书》，《旧唐书·肃宗代宗诸子传》中记载了李泌对唐肃宗所说的一段话：

> 泌因奏曰："臣幼稚时念《黄台瓜辞》，陛下尝闻其说乎？高宗大帝有八子，睿宗最幼。天后所生四子，自为行第，故睿宗第四。长曰孝敬皇帝，为太子监国，而仁明孝悌。天后方图临朝，乃鸩杀孝敬，立雍王贤为太子。"[1]

北宋司马光在《资治通鉴考异》中谈到中唐柳芳《唐历》中也有此记载。此外，北宋初期人王溥根据中唐人苏冕所撰的《唐会要》原稿，编成新《唐会要》，其中引用苏冕记载：

> 孝敬皇帝李弘，为太子监国，仁明孝悌，天后方图临朝，乃鸩杀之。[2]

于是后来《新唐书》的作者们认定李弘之死是因为武则天的毒杀，《新唐书·高宗本纪》载：

> （上元）二年……四月……已亥，天后杀皇太子。五月戊申，追号皇太子为孝敬皇帝。[3]

《新唐书·高宗中宗睿宗诸子传》载：

> 上元二年，从幸合璧宫，遇鸩薨，年二十四，天下莫不痛之。诏曰："太子婴沈瘵，朕须其痊复，将逊于位。弘性仁厚，既承命，因感结，疾日以加。宜申往命，谥为孝敬皇帝。"[4]

【1】参见［后晋］刘昫等撰《旧唐书》卷一百一十六列传第六十六，中华书局，1975年，第3385页。

【2】参见［宋］王溥撰《唐会要》卷二，中华书局，1955年，第21页。

【3】参见［宋］欧阳修、宋祁撰《新唐书》卷三本纪第三，中华书局，1975年，第71页。

【4】参见［宋］欧阳修、宋祁撰《新唐书》卷三本纪第三，中华书局，1975年，卷八十一列传第六，第3589页。

司马光则本着严谨的治史态度，在《资治通鉴》中用了春秋笔法描述：

> 己亥，太子薨于合璧宫，时人以为天后鸩之也。[1]

（三）尝药致死说

这种说法是现代学者郭沫若在其历史剧《武则天》中提出的，根据是《资治通鉴》中的记载：

> （总章元年）……冬，十月，戊午，以乌荼国婆罗门卢迦逸多为怀化大将军。逸多自言能合不死药，上将饵之。东台侍郎郝处俊谏曰："修短有命，非药可延。贞观之末，先帝服那罗迩娑婆寐药，竟无效；大渐之际，名医不知所为，议者归罪娑婆寐，将加显戮，恐取笑戎狄而止。前鉴不远，愿陛下深察。"上乃止。[2]

这是发生在公元668年的事情，大致是说天竺乌荼国的一位婆罗门进献长生药，高宗欲服，下臣却以唐太宗晚年服天竺药无效之事劝阻高宗。而在后来唐高宗为李弘亲撰的《孝敬皇帝睿德纪碑》中，明确提及儿子为自己尝药之事：

> （李弘）出青官而视膳，辍寝通宵……岂止衣□带，药必亲尝而已哉！此其至孝也。[3]

由此郭沫若认为李弘有可能是替父尝药致死。

以上三种观点，以"病死说"支持者最多。从北宋学者范祖禹、元初学者胡三省、清代金石学者王昶，到近代历史学家吕思勉、现代学者罗元贞、当代学者易中天等人均认为李弘不太可能为武则天所

【1】参见［宋］司马光编著，［元］胡三省音注《资治通鉴》卷二百二唐纪十八，中华书局，1956年，第6377页。

【2】参见［宋］司马光编著，［元］胡三省音注《资治通鉴》卷二百二唐纪十八，中华书局，1956年，卷二百一唐纪十七，第6356页。

【3】参见［清］董浩《全唐文》卷十五，中华书局，1983年，第185页。

毒害，当然也有一些学者坚持李弘是非正常死亡。笔者亦倾向于"病死说"，因为从两《唐书》、《孝敬皇帝睿德纪碑》等记载来看，李弘确实一直体弱多病。对于热衷权力的武则天而言，面对一个长期病快快的太子，她当然知道什么才是最聪明的做法，对李弘进行精神控制甚至威胁恐吓或许有之，直接毒杀则风险太大。毕竟当时唐高宗还在，太过冒险的事情一旦败露，于公于私都得不到什么好处。

李弘于上元二年（675）去世，武则天于天册万岁二年（696）封禅嵩山，封升仙太子，时隔21年。为什么说武则天心中的升仙太子应该就是李弘呢？原因有这样几点：

1.地理依据。缑山和升仙太子庙所在的缑氏县，本就是为李弘特别设置的。缑氏县在汉代就存在，但是在贞观十八年（644）时其县制一度被废[1]。直至李弘去世之后，上元二年（675）七月"洛州复置缑氏县，以管孝敬皇帝恭陵"[2]。今天的唐恭陵即在缑山北偏西方向9千米处，距离较近，站在缑山上可以遥望恭陵（见图26）。李弘在洛阳病逝，父母没有将他的灵柩迁回关中，按《孝敬皇帝睿德纪碑》中所说，原因是正值农忙，难以劳师动众："朕以其孝于承亲，恭于事上，意欲还京卜葬，冀得近侍昭陵，申以奉先之礼，顺其既往之志。但以农星在候，田务方殷，重归关辅，恐有劳费"[3]。于是就近选陵址于缑氏县。这背后，是否有一种临近缑山，希福仙居的考虑在其中呢？也就是说唐高宗、武则天夫妇在上元二年（675）李弘病逝之时，就已有意将王子晋的文化基因赋予到这位英年早逝的太子身上。

【1】参见［后晋］刘昫等撰《旧唐书》卷三十八志第十八，中华书局，1975年，第1423页。

【2】参见［后晋］刘昫等撰《旧唐书》卷五本纪第五，中华书局，1975年，第100页。

【3】参见［清］王昶撰《金石萃编》卷五十八，清嘉庆十年刻同治钱宝传等补修本。

图26 从缑山上遥望唐恭陵（远景处凸起区域即为唐恭陵）

2.文献依据。根据唐高宗《册谥孝敬皇帝文》（见本书附录七）的记载，其中有"伊川可望，泣笙驾之无追；瑶岭难逢，痛琴风之永绝"[1]一句，按照《列仙传》中对王子晋"好吹笙作凤凰鸣，游伊、洛之间"[2]的描述，不难看出此处高宗的用典。值得注意的是，这也是在唐代皇子册文类文献中首次出现王子晋的典故，可以说以早逝的皇子类比王子晋故事，这一传统应该就起源于高宗朝。其次是《孝敬皇帝睿德纪碑》中的记载。《旧唐书·高宗中宗诸子传》中记载此碑："高宗亲为制《睿德纪》，并自书之于石，树于陵侧。"[3]碑文中有一句对李弘的评价："父之谇子，是之谓欤！"

【1】参见［宋］宋敏求编《唐大诏令集》卷二十六，中华书局，2008年，第86页。
【2】参见王叔岷撰《列仙传校笺》，中华书局，2007年，第65页。
【3】参见［后晋］刘昫等撰《旧唐书》卷八十六列传第三十六，中华书局，1975年，第2830页。后人根据碑文中一句"朕之元子也"推测此文极有可能是武则天的代笔，因为李弘是武则天的长子，但不是唐高宗的长子。

这很容易令人联想到周灵王太子晋直谏父王的形象。史书中记载李弘数次直言进谏，并四度监国，担当起储君责任，却不幸早逝，与太子晋的经历何其相似？而后来武则天在《升仙太子碑》中也写到"谷洛之斗，严父申欲壅之规；而匡救之诚，仙储切犯颜之谏"。说明武则天心中对升仙太子的形象有着深入的认识，并非仅仅依据《列仙传》中流行的那个仙人形象。

3.宗教文化依据。李弘之名其实是一个道教文化名字。在北魏寇谦之的道教改革过程中，寇谦之曾编撰《老君音诵诫经》一卷，其中提到："但言老君当治，李弘应出。"【1】"李弘"作为太上老君的化名，在魏晋南北朝时就成为多次民间起义所打出的旗号。唐高宗、武则天夫妇为儿子起名"李弘"，也寄托了很大期望。但是这位儿子英年早逝，最终没有成为最高统治者，恐怕只能在道教神仙谱系中找一位"太子"作为对其神化纪念的匹配身份了。在唐高宗、武则天为李弘追冥福所御制的《一切道经序》中，有一句"翔鹤可羁，奄促游仙之驾"【2】，似乎也点出了王子晋的典故。

史书记载，武则天一生至少八次赴嵩山及其附近。调露二年（680），武则天随唐高宗第一次到访嵩山，笔者注意到这个时间点也是在李弘去世之后。而缑山与恭陵所在的缑氏县恰好位于洛阳与嵩山之间，武则天每次往返经过缑氏时，不会想起在这里长眠的长子？恐怕没人相信。当升仙太子庙落成之际，距离孝敬皇帝去世已过去24年，当76岁的老妇人登上缑山北望恭陵，心中又是怎样一种感慨！

王家葵先生在其著作中提到一个很有意思的信息："张昌宗的生

【1】参见张继禹主编《中华道藏》第8册，华夏出版社，2004年，第564页。底本出于《正统道藏·洞神部·戒律类》。

【2】参见张继禹主编《中华道藏》第5册，华夏出版社，2004年，第601页。底本出于敦煌S.1513抄本。

年似乎紧挨着李弘的卒年。"【1】如果真是这样，那就很好理解"昌宗是王子晋后身"说法的原因和内涵了。

二、王子晋信仰在初唐

那么，武则天对王子晋的信仰又是从何处知晓的呢？

首先，在唐代道教兴盛的背景下，王子晋故事进一步流传，以唐高宗时李善（629—689）注《昭明文选》为例【2】，其中征引《列仙传》文献69条，包括王子晋典故13条，王子晋成为被征引最多的神仙【3】。而《昭明文选》又是唐代科举进士科考的必读书，所以王子晋的典故也必然是唐代高层和文人士子圈中的常识。

其次，是唐高宗、武则天与道教上清派（茅山宗）的联系。据《旧唐书》记载，调露二年二月（680年3月），唐高宗与武则天到访嵩山：

> 丁巳，至少室山。戊午，亲谒少姨庙。赐故玉清观道士王远知谥曰升真先生，赠太中大夫。又幸隐士田游岩所居。己未，幸嵩阳观及启母庙，并命立碑。又幸逍遥谷道士潘师正所居。甲子，自温汤还东都。【4】

道教上清派产生于东晋，属南天师道系统【5】。至南朝，陶弘景于江苏句容茅山创立茅山宗，茅山宗后来成为上清派的实际代表。

【1】参见王家葵著《玉叩读碑：碑帖故事与考证》，四川文艺出版社，2016年，第154页。

【2】唐高宗显庆三年（658）李善《昭明文选注》完成。

【3】参见韦佩佩《〈列仙传〉研究》，山东大学硕士学位论文，2015年。

【4】参见［后晋］刘昫等撰《旧唐书》卷五本纪第五，中华书局，1975年，第106页。

【5】当时由于南下的司马氏政权对南方士族存有戒心，许多世家大族在政治上不得志，便转而寄托道教信仰。他们按照士族的喜好和兴趣对旧天师道进行扬弃改造，形成了上清派。可以说上清派的出现，反映了民间道教向士族道教的转变。

进入隋唐，随着国家的统一，南北道教走向融会，茅山宗成了皇室官方主要推崇的宗派，这一派中的一些代表人物，如王远知（510—635）、潘师正（585—682）、司马承祯（647—735）、李含光（682—769）等都先后得到隋唐皇帝的接见敕封。王远知师事陶弘景，曾受隋炀帝召见，又先后帮助唐高祖、唐太宗上位，于贞观九年（635）病逝，史称"年一百二十六岁"【1】。潘师正是王远知的弟子，本从王远知学于茅山，后北归嵩山隐居，从此开辟了茅山宗的北方阵地。至调露二年（680）时，潘师正已经96岁，此时的高宗也已经53岁【2】，唐高宗于此时拜访潘师正，当有求仙问道之目的。这是"二圣"第一次来嵩山，也正是太子李弘去世之后的第五年。潘师正与"二圣"谈话的内容是否涉及王子晋的故事，无从知晓，但是王子晋作为上清派祖庭天台山的仙官，毫无疑问是所有茅山宗门人通晓的基础常识。

　　武则天称帝之后，又召见了潘师正的弟子司马承祯。司马承祯，字子微，号白云子，河南温县人。《旧唐书》记载："则天闻其名，召至都，降手敕以赞美之。及将还，敕麟台监李峤饯之于洛桥之东。"【3】关于这次召见的具体时间，史书中并未明确说明。后世学者研究，认为应该是在神功元年（697）或者圣历二年（699）【4】。如果是前者，正值旧王子晋庙遗址开始破土翻修之时；如果是后者，正值新升仙太子庙落成之时。多数学者更倾向于后者，因为圣历二年

【1】参见［后晋］刘昫等撰《旧唐书》卷一百九十二列传第一百四十二，中华书局，1975年，第5126页。

【2】正值高宗去世前三年。

【3】参见［后晋］刘昫等撰《旧唐书》卷一百九十二列传第一百四十二，中华书局，1975年，第5127页。

【4】参见胡振龙《宋之问交游考略》，《徐州师范学院学报》，1987年第2期；陈国符《道藏源流考（新修订版）》，中华书局，2014年，第42页。

二月正是司马承祯在嵩山竖立纪念其师的《潘尊师碣》[1]之际。相关学者认为他被武则天召见也应该是在这个时间前后，而圣历二年（699）二月，恰好也是武则天赴缑山视察新升仙太子庙落成之时。在这次召见中，武则天与司马承祯的对话内容有很大可能会涉及王子晋的故事，从而为接下来的立碑做准备。

司马承祯的修道之地，并没有像其师父潘师正一样选择嵩山，也没有像其师祖陶弘景、王远知一样选择茅山，而是直接选择了上清派祖庭天台山，即王子晋的仙界驻地。在现存《正统道藏》的洞玄部赞颂类文献中，收有一篇《上清侍帝晨桐柏真人真图赞》，题为"天台白云司马承祯录"，全文分为十一个片段，对王子晋的生平进行图文并茂式叙述：谏周灵王、论于师旷、浮丘降接、身逝魂走、嵩山修道、乘鹤升仙、拜见道君、受封桐柏、坐金庭宫、传道周季山和夏馥、传道杨羲。这十一个片段中，谏周灵王源自《国语》；论于师旷源自《逸周书》；浮丘降接、嵩山修道、乘鹤升仙源自《列仙传》；身逝魂走则是司马承祯为解释《逸周书》和《列仙传》中对王子晋年龄记载的矛盾额外加入的一个情节[2]；拜见道君以下五个情节则是根据陶弘景《真诰》等上清派道经记载而演绎。这篇《上清侍帝晨桐柏真人真图赞》的出现，直接表明了司马承祯是武则天时代整理、传播王子晋信仰的关键人物。可以想见，在升仙太子庙修建和《升仙太子碑》竖立的过程中，司马承祯应该充当了顾问的角色。他的这篇《上清侍帝晨桐柏真人真图赞》，也理应是《升仙太子碑》碑文的重要参考。

【1】全称《唐默仙中岳体玄先生太中大夫潘尊师碣》，此碑由雍州司功王适撰文、司马承祯书写。

【2】即《逸周书》中"后三年上宾于帝所"指王子晋十七八岁身死，《列仙传》中"三十余年"指王子晋灵魂修道三十余年。

而司马承祯作为茅山宗领袖，在当时也是声名显赫，武周宫廷中的诸多文人，如宋之问、崔湜、李峤、张说等均与其有结交来往：

> 羽客笙歌此地违，离筵数处白云飞。
>
> 蓬莱阙下长相忆，桐柏山头去不归。
>
> ——宋之问《送司马道士游天台》【1】

> 世上求真客，天台去不还。
>
> 传闻有仙要，梦寐在兹山。
>
> 朱阙青霞断，瑶堂紫月闲。
>
> 何时枉飞鹤，笙吹接人间。
>
> ——张说《寄天台司马道士》【2】

王子晋的典故跃然其中。

考司马承祯出身，乃晋宣帝司马懿弟司马馗之后【3】。他活动于武则天、唐中宗、睿宗、玄宗四朝，既是道士，又擅书画。张彦远《历代名画记》中记载他："（开元）十五年至王屋山，敕造阳台观居之。尝画于屋壁，又工篆隶，词采众艺，皆类于隐居焉。"【4】唐玄宗开元十三年（725），25岁的李白出蜀游三峡，至湖北江陵得遇79岁的司马承祯，李白得到司马承祯的赞赏："有仙风道骨，可与神

【1】参见［唐］沈佺期、宋之问撰，陶敏、易淑琼校注《沈佺期宋之问集校注》，中华书局，2001年，第400页。

【2】参见［唐］张说著，熊飞校注《张说集校注》，中华书局，2013年，第347页。

【3】按《旧唐书·隐逸传》记载："道士司马承祯，字子微，河内温人。周晋州刺史、琅琊公裔玄孙。"（参见［后晋］刘昫等撰《旧唐书》卷一百九十二列传第一百四十二，中华书局，1975年，第5127页。）《周书·司马裔传》记载："司马裔字遵胤，河内温人也，晋宣帝弟太常馗之后。"（参见［唐］令狐德棻等撰《周书》卷三十六列传第二十八，中华书局，1971年，第645页。）

【4】参见［唐］张彦远著，俞剑华注释《历代名画记》，上海人民美术出版社，1964年，第186页。

游八极之表。"【1】于是作《大鹏遇希有鸟赋》以纪念。北京故宫博物院所藏《上阳台帖》（见图27）传为李白所书，其内容亦被认为是与纪念司马承祯有关【2】。

图27 （传）李白《上阳台帖》 北京故宫博物院藏

【1】参见［唐］李白著，瞿蜕园、朱金城校注《李白集校注》，上海古籍出版社，2018年，第1页。

【2】此帖内容为："山高水长，物象千万，非有老笔，清壮何穷？十八日上阳台书，太白。"其中"山高水长，物象千万"或赞王屋山阳台宫自然形胜，"非有老笔，清壮何穷"或赞司马承祯成熟老辣的画技。《上阳台帖》曾入北宋宣和内府，后归南宋贾似道、元代张晏处。明藏项元汴天籁阁，清代先为安岐所得，再入清宫内府。清末流出宫外，民国时入张伯驹手，1958年，此帖被张伯驹献给国家，交北京故宫博物院收藏。关于《上阳台帖》的鉴定，启功认为真，徐邦达认为是宋人作伪。

第六章 《升仙太子碑》的文章

一、控鹤监的文学

关于《升仙太子碑》的碑文作者，按照碑阳上款所示："大周天册金轮圣神皇帝御制御书"，是武则天撰文并书。但是洋洋洒洒2000余字的文章对于76岁的女皇来说是否有精力完成，值得怀疑。真实情况更有可能是，女皇提出总的意见思路，具体遣词造句由宫廷学士词臣执行，最后由女皇誊抄。明代文学家王世贞（1526—1590）就提出过："文似出北门诸学士手笔。"【1】

所谓"北门学士"，是指从高宗朝开始被提拔的一批文人学士，他们最初的职责是修撰史书，后来也参与到政事之中。因为他们一般直接从宫城北边进入禁中议事，区别于中书、门下两省大臣从南面官衙进宫，故而被称为"北门学士"。辛德勇《大明宫西夹城与翰林院学士院诸问题》【2】和谢元鲁《武则天北门学士之北门再考释》【3】两篇文章指出"北门"具体指唐大明宫西垣的右银台门。《旧唐书·刘祎之传》记载："时又密令参决，以分宰相之权，时人谓之'北门学士'。"【4】《旧唐书·元万顷传》记载："朝廷疑议

【1】参见［明］王世贞撰《弇州四部稿》卷一百三十五，明万历刻本。
【2】发表于《陕西师范大学学报（哲学社会科学版）》，1987年第4期。
【3】发表于《西南民族大学学报（人文社科版）》，2020年第9期。
【4】参见［后晋］刘昫等撰《旧唐书》卷八十七列传第三十七，中华书局，1975年，第2846页。

及百司表疏，皆密令万顷等参决，以分宰相之权，时人谓之'北门学士'。"【1】可见北门学士不仅仅扮演皇帝身边的文学秘书角色，还起到"分宰相之权"的重要作用。

但是，王世贞所认为的"文似出北门诸学士手笔"其实并不准确。在《升仙太子碑》竖立的圣历二年（699）年初，武则天专门设置了一个叫"控鹤监"的机构，由张易之、张昌宗兄弟主持，其性质是供女皇休闲娱乐的文艺机构，同时也是女皇的"内朝"。控鹤监的名称正是取义王子晋驾鹤升仙的典故，控鹤即驾鹤之意，东晋孙绰的《游天台山赋》中有"王乔控鹤以冲天"【2】。该机构于圣历二年（699）年初成立，当年二月，武则天即赴缑山视察升仙太子庙，六月立《升仙太子碑》。如此紧锣密鼓，不由令人怀疑控鹤监的初创目的之一就是为立碑做准备。

对于控鹤监的设置，两《唐书》和杜佑《通典》、司马光《资治通鉴》中都有多条文献记载，在此选取重要条目列举如下：

《旧唐书·吉顼传》：

> 圣历二年腊月……时易之、昌宗讽则天置控鹤监官员，则天以易之为控鹤监。（吉）顼素与易之兄弟亲善，遂引顼，以殿中少监田归道、凤阁舍人薛稷、正谏大夫员半千、夏官侍郎李迥秀，俱为控鹤内供奉，时议甚不悦。【3】

《旧唐书·员半千传》：

> 长安中，五迁正谏大夫，兼右控鹤内供奉。半千以控鹤

【1】参见［后晋］刘昫等撰《旧唐书》卷一百九十中列传第一百四十，中华书局，1975年，第5011页。

【2】参见［南朝梁］萧统选，［唐］李善注，韩放主校点《昭明文选》，京华出版社，2000年，第298页。

【3】参见［后晋］刘昫等撰《旧唐书》卷一百八十六上列传第一百三十六，中华书局，1975年，第4849页。

之职，古无其事，又授斯任者率多轻薄，非朝廷进德之选，上疏请罢之。由是忤旨，左迁水部郎中。【1】

《通典·职官七》：

武太后圣历二年正月置控鹤府，监一员，从三品；丞一员，从六品；主簿一员，从七品；控鹤左右各二十员，从五品下。以张易之为控鹤监统左控鹤，出入供奉；以麟台监张昌宗统右控鹤，内供奉。久视元年六月，改控鹤监为天骥府，其月二十五日又改为奉宸大夫，前改为天骥者宜。内供奉员半千以奉宸之职古无其事，又授斯任者率多轻薄，非朝廷进德之选，上疏请罢之，由是忤旨。【2】

《资治通鉴·唐纪二十二》：

（圣历）二年正月……甲子，置控鹤监，丞主簿等官率皆嬖宠之人，颇用才能文学之士以参之，以司卫卿张易之为控鹤监，银青光禄大夫张昌宗、左台中丞吉顼、殿中监田归道、夏官侍郎李迥秀、凤阁舍人薛稷、正谏大夫临汾员半千皆为控鹤监内供奉。稷，元超之从子也，半千以古无此官，且所聚多轻薄之士，上疏请罢之，由是忤旨，左迁水部郎中。

……（久视元年）六月，改控鹤为奉宸府，以张易之为奉宸令。【3】

由上可以得知控鹤监的大致情况：设立时间是圣历二年年初，具体是在腊月到正月之间，其长官称控鹤监，下属有数位左、右控鹤内供奉。张易之是控鹤监长官，最初主要有张昌宗、吉顼、田归道、李

【1】参见［后晋］刘昫等撰《旧唐书》卷一百九十中列传第一百四十，中华书局，1975年，第5015页。

【2】参见［唐］杜佑撰《通典》卷二十五职官七，清武英殿刻本。

【3】参见［宋］司马光编著，［元］胡三省音注《资治通鉴》卷二百六唐纪二十二，中华书局，1956年，第6538、6546页。

迴秀、薛稷、员半千等六人为控鹤内供奉，后来员半千离开了这个机构。次年（久视元年）六月，控鹤监改名为奉宸府，仍然以张易之为长官，称奉宸令，下属们称奉宸大夫。

今天我们观察《升仙太子碑》，仍然可以从碑身上看到一些控鹤监官员留下的痕迹。如碑阴右上方八大臣题名中的"左控鹤内供奉臣吉顼"，碑阴中央被凿掉的负责勒碑的官员题名"右控鹤内供奉骑都尉臣□□"【1】，还有碑阴上方碑额处武则天御诗的书写者"奉宸大夫臣薛曜"。所以可以猜想《升仙太子碑》的碑文撰写，必然是由女皇和控鹤监的文人学士合作完成。

整篇碑文（不计碑额和上下款）共计34列2123字，语言四六对仗，典故辞藻堆砌，尚未脱离六朝骈文文风。第一列标题"升仙太子碑并序"7字之外，正文内容大致可以分为五部分，第一部分436字，讲女皇对道家文化的认识：

> 朕闻天地权舆，混玄黄于元气；阴阳草昧，征造化于洪炉。万品于是资生，三才以之肇建。然则春荣秋落，四时变寒暑之机；玉兔金乌，两曜递行藏之运。是知乾坤至大，不能无倾缺之形；日月至明，不能免盈亏之数。岂若混成为质，先二仪以开元；兆道标名，母万物而为称。惟恍惟惚，窈冥超言象之端；无去无来，寥廓出寰区之外。骖鸾驭凤，升八景而戏仙庭；驾月乘云，驱百灵而朝上帝。玄都迥辟，玉京为不死之乡；紫府傍开，金阙乃长生之地。吸朝霞而饮甘露，控白鹿而化青龙。鱼腹神符，已效征于涓子；管中灵药，方演术于封君。从壶公而见玉堂，召卢敖而赴玄阙。炎皇少女，剧往仙家；负局先生，来过吴市。或排烟而长往，

【1】这则题名实际是薛稷题名，后文会有详细讨论。

或御风而不旋。既化饭以成蜂，亦变枯而生叶。费长房之缩地，目览遐荒；赵简子之宾天，亲聆广乐。怀中设馔，标许彦之奇方；座上钓鱼，呈左慈之妙技。遥升阁道，远睨平衢。鼓琴瑟而驾辀軿，出西关而游北海。登昆仑而一息，期汗漫于九垓。湘东遗鸟迹之书，济北致鱼山之会。拂虹旌于日路，飞羽盖于烟郊。既入无穷之门，还游无极之野。青虬吐甲，爰披五岳之文；丹凤衔符，式受三皇之诀。濑乡九井，漾德水而澄漪；淮南八仙，著真图而阐秘。自非天姿拔俗，灵骨超凡，岂能访金箓于玄门，寻玉皇于碧落者矣。

碑文开篇从天地日月讲到四时万物，从神界鸟兽讲到各路仙人。据笔者统计，这一部分内容至少涉及15个神仙人物典故：封衡（封君）、壶公、卢敖、葛玄（化饭以成蜂）、费长房、左慈、淮南八仙出自东晋葛洪《神仙传》；涓子、炎皇少女、负局先生出自《列仙传》；赵简子出自西汉司马迁《史记》；夏禹（湘东遗鸟迹之书）出自东汉赵晔《吴越春秋》；老子（濑乡九井）出自《老子化胡经》；弦超（济北致鱼山之会）出自东晋干宝《搜神记》；许彦出自南梁吴均《续齐谐记》。

第二部分307字，讲述升仙太子的生平：

升仙太子者，字子乔，周灵王之太子也。原夫补天益地之崇基，三分有二之洪业。神宗启胄，先承履帝之祥；圣考兴源，幼表灵髦之相。白鱼标于瑞典，赤雀降于祯符。屈叔誉于三穷，锡师旷以四马。谷洛之斗，严父申欲壅之规，而匡救之诚，仙储切犯颜之谏。播石子之懿范，颙图史之芳声，而灵应难窥，冥征罕测。紫云为盖，见嘉贶于张陵；白蜺成质，遗神丹于崔子。凤笙流响，恒居伊洛之间；鹤驾腾镳，俄陟神仙之路。嵩高岭上，虽藉浮丘之迎；缑氏峰前，终待桓良之告。傍稽素篆，仰叩玄经。时将玉帝之游，乍冾琳宫之宴。仙冠炭炭，表嘉称于芙蓉；右弼巍巍，效灵官于桐柏。九丹可挹，仍标延寿之诚；千载方传，尚纪仙人之祀。辞青宫而归九府，弃苍震而慕重玄。无劳羽翼之功，坐致云霄之赏。虽黄庭众圣，未接于末尘；紫洞群灵，岂骖于后乘。斯乃腾芳万古，擅美千龄，岂与夫松子、陶公同年而语者也。

有关升仙太子的介绍，主要以《国语》、《逸周书》、《列仙传》、陶弘景《真诰》、司马承祯《上清侍帝晨桐柏真人真图赞》等文献内容为依据参考。另外这一部分内容还包括其他几位人物典故：周灵王（圣考兴源，幼表灵髭之相）、石碏（石子之懿范）出自《左传》；张陵（即张道陵）出自《神仙传》；崔子（即崔文子）、松子（即赤松子）、陶公（即陶安公）均出自《列仙传》。

第三部分282字，叙女皇功绩。从文治武功讲到祥瑞迭出，从国泰民安讲到登封告禅：

我国家先天纂业，辟地裁基，正八柱于乾纲，纽四维于坤载。山鸣鸑鷟，爰彰受命之祥；洛出图书，式兆兴王之运。廓堤封于百亿，声教洽于无垠；被正朔于三千，文轨同于有截。茫茫宇宙，掩沙界以疏疆；眇眇寰区，笼铁围而划境。坐明台以崇严祀，大礼攸陈；谒清庙而展因心，洪规更阐。庆山西峙，上耸于圆清；武井东流，下凝于方浊。骈柯连理，恒骋异于彤墀；九穗两歧，每呈祥于翠亩。神芝吐秀，宛成轮盖之形；历草抽英，还司朔望之候。山车泽马，充仞于郊畿；瑞表祥图，洋溢于中外。乾坤交泰，阴阳和而风雨调；远肃迩安，兵戈戢而燧烽静。西鹣东鲽，已告太平之符；鄗黍江茅，屡荐升中之应。而王公卿士，百辟群僚，咸诣阙以披诚，请登封而告禅。敬陈严配之典，用展禋宗之仪，泥金而叶于告成，瘗玉而腾于茂实。千龄胜礼，一旦咸申。

第四部分669字，讲女皇视察缑山，选址设计，营建升仙太子庙的过程。其中提到了缑山古墓的发现和武则天派遣内官视察进度等细节：

尔乃凤辇排虚，既造云霞之路；龙旗拂迥，方驰日月之扃。后殿萦山，先锋蔽野。千乘万骑，钩陈指灵岳之前；谷邃川停，羽驾陟仙坛之所。既而驰情烟路，系想玄门，途临松寝之前，近瞰桂岩之下。重峦绝磴，空留落景之晖；复庙连甍，徒见浮云之影。山扉半毁，才睹昔年之规；碉牖全倾，更创今辰之制。乃为子晋重立庙焉，仍改号为升仙太子之庙。方依福地，肇启仙居。开庙后之新基，获藏中之古剑。昆吾挺质，巨阙标名，白虹将紫电争锋，飞景共流星竞彩。去夜惊而除众毒，轻万户而却三军。无劳望气之人，自遇象天之宝。岩岩石室，纪黄老五千之文；赫赫灵坛，披碧洞三元之箓。爰于去岁，尝遣内使往祠，虽人祇有路隔之言，而冥契著潜通之兆。遂于此日，频感殊祯。迢遰云间，闻凤笙之度响；徘徊空里，瞻鹤驾之来仪。瑞气氤氲，异香芬馥，钦承景贶，目击休征。尔其近对缑岑，遥邻嵩岭，变维城之往庙，建储后之今祠。穷工匠之奇精，傍临绝壑；尽山川之体势，上冠云霓。其地则测景名都，交风胜壤。仰观玄纬，星文当天室之邦；俯瞩黄舆，地理处均霜之境。膏腴宇宙，通百越之楼船；巨险山原，控八方之车骑。危峰切汉，德水横川，实天下之枢机，极域中之壮观。于是扪危凿阯，越壑裁基，命般尔而开筵，召公输而缀思。梅梁瞰迥，近架烟霞；桂栋临虚，上连星月。窗明云母，将曙景而同晖；户挂琉璃，共晴天而合色。曲阁乘九霄之表，重檐架八景之中，湛休水于天池，发祥花于奇树，珠阙据缑峰之外，瑶坛接嵩峤之隈。素女乘云，窥步檐而不逮；青童驾羽，仰层槛而何阶。茂蘤郁兮若生，灵仪肃兮如在。昔岘山堕泪，犹见钜平之碑；襄水沉波，尚有当阳之碣。况乎上宾天帝，摇山之风乐不归；下接浮丘，洛浦之笙歌斯远。岂可使芳猷懿躅，与岁月而推迁，霞宇星坛，共风烟而歇灭。乃刊碑勒颂，用纪徽音，庶亿载而惟新，齐两仪而配久。方伫乘龙使者，为降还龄之符；驾羽仙人，曲垂驻寿之药。使璇玑叶度，玉烛调时，百谷喜于丰年，兆庶安于泰俗。

需要指出的是，这一部分碑文中特别提到两个有关碑碣的历史典故："昔岘山堕泪，犹见钜平之碑；襄水沉波，尚有当阳之碣。"钜平之碑指西晋羊祜的《堕泪碑》，岘山位于湖北襄阳，钜平指西晋将领羊祜（221—278）。羊祜受封钜平子，他主政襄阳，深得当地民心军心，死后当地人于岘山之上立羊公碑，怀念落泪，从而称其碑为《堕泪碑》。当阳之碣的主人则是羊祜的继任者当阳侯杜预（222—285）。他运筹帷幄，最终灭吴成功，为西晋重归一统建功。他曾刻纪功碑两通，一立于岘山之上，一沉于襄水之下，以为古今沧桑，纵有陵谷之变，陆沉而水升，二碑必存其一。

最后一部分422字，写12段赞颂，抒发祈福心愿：

虔敷短制，乃作铭云：邈矣元始，悠哉浑成，傍该万类，仰贯三精。至神不测，大象难名，出入太素，驱驰上清。其一。黄庭仙室，丹阙灵台，银宫雪合，玉树花开。夕游云路，朝挹霞杯，霓旌仿佛，羽驾徘徊。其二。树基创业，迁朝立市，四险天中，三川地纪。白鱼呈贶，丹乌荐祉，灵骨仙才，芳猷不已。其三。退瞻帝系，仰睇仙储，遥驰月域，高步烟墟。名超紫府，职迈玉虚，飘飘芝盖，容与云车。其四。远参昆仑，遥期汗漫，金浆玉液，雾宫霞馆。瑶草扶疏，珠林璀璨，万劫非久，二仪何算。其五。栖心大道，托迹长生，三山可陟，九转方成。凫飞舄影，凤引歌声，永升金阙，恒游玉京。其六。青童素女，浮丘赤松，位称桐柏，冠号芙蓉。寻真御辩，控鹤乘龙，高排云雾，轻举遐踪。其七。岁往年移，天长地久，霄汉为室，烟霞作友。舞鹤飞盖，歌鸾送酒，绝迹氛埃，芳名不朽。其八。粤我大周，上膺元命，补天立极，重光累圣。嘉瑞屡臻，殊祥叠映，归功苍昊，升闻表庆。其九。爰因展礼，途接灵居，年载超忽，庭宇凋疏。更安珠殿，重开玉虚，方依翠壁，敬勒丹书。其十。新基建址，古剑腾文，凤笙飞韵，鹤驾凌云。休符杂沓，嘉瑞氤氲，仙仪靡见，逸响空闻。其十一。仰圣思玄，求真怀昔，霞轩月殿，星官雾驿。万载须臾，千龄朝夕，纪盛德于芳翰，勒鸿名于贞石。其十二。

武则天晚年顾虑最多的两个问题，就是对自己可以延年益寿的渴望和对继承人的选择。从嵩山封禅，计划升仙太子庙的营建，到圣历二年（699）《升仙太子碑》的竖立，整个过程时刻蕴含着女皇的心愿与寄托。通过册封升仙太子来表达对早逝继承人的怀念和对接班人的期望；通过纪念升仙太子来实现对自己可以延年益寿的祈愿，这就是竖立《升仙太子碑》的两重目的。

二、武则天的信仰

在封建统治者面前，宗教是为政治服务。武则天对佛道二教的信仰也一直是兼而有之，不可作割裂判断。

武则天自幼受母亲杨氏的影响，对佛教有所认知，在《方广大庄严经序》中，武则天曾说："朕爰自幼龄，归心彼岸。"【1】在《三藏圣教序》中亦说："朕幼崇释教，夙慕归依。"【2】特别是从贞观二十三年五月（649年6月）到永徽二年五月（651年6月）两年的感业寺从尼经历，加固了武则天与佛教的缘分。最终，武则天利用佛教经义为自己登基称帝提供了依据：

> 尔时，释迦牟尼佛为大众说法云：过去有佛，号同姓灯，时有国王名大精进，王有夫人名曰护法，王之大臣名法林聚。尔时王夫人者，今净光天女是也。其净光天女白佛言：唯愿如来说大王因缘。时佛告言：且待须臾，我今先当说汝因缘。是时，天女闻是语已，心生惭愧，佛即赞言：善哉！善哉！夫惭愧者即是众生善法衣服。天女！时王夫人即汝身是，汝于彼佛暂得一闻《大涅槃经》，以是因缘，今得天身，值我出世，复闻深义，舍是天形，即以女身当王国土，得转轮王所统领处四分之一，人民炽盛，无有衰耗、病苦、忧恼、恐怖、祸难，成就具足一切吉事，阎浮提中所有国土，悉来承伏，无违拒者，得大自在，教化所属城邑聚落，摧伏外道诸邪异见，汝于尔时实是菩萨，常于无量阿僧祇劫，为化众生故，现受女身，当知乃是方便之身，非实女身。【3】

这是北凉时期中天竺僧人昙无谶（385—433）翻译的《大方等

【1】参见［清］董诰等编《全唐文》卷九十七，中华书局，1983年，第1001页。

【2】参见［清］董诰等编《全唐文》卷九十七，中华书局，1983年，第1003页。

【3】参见林世田、杨学勇、刘波著《敦煌佛典的流通与改造》，甘肃教育出版社，2013年，第165页。

无想经》中的一段，讲述了佛祖预言作为国王夫人的净光天女，将以女身当国王。武则天的亲信薛怀义、僧人法明等人据此于载初元年（689）作《大云经疏》（见图28）进行渲染演绎，鼓吹弥勒信仰，推动武则天称帝：

> 即以女身当王国土者，所谓圣母神皇是也。[1]
>
> 太后乃弥勒佛下生，当代唐为"阎浮提主"。[2]

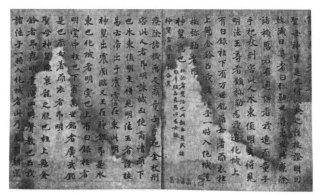

图28 唐《大云经疏》敦煌抄本S-2658号 英国大英博物馆藏

《升仙太子碑》中武则天的身份是"大周天册金轮圣神皇帝"，这是武则天做女皇时使用的最后一个尊号，其中"金轮"一词指佛教中转轮王的法器金轮宝。女皇在纪念道家神仙的《升仙太子碑》上落款富于佛教身份的尊号，也十分有趣。

如果说佛教是武则天做女皇帝的意识形态法宝，那么道教就是武则天与李唐势力合作的基础，也是武则天一直利用的政治武器。从为长子起名"李弘"，到陪同唐高宗嵩山访道；从"请王公百僚皆习

【1】参见林世田、杨学勇、刘波著《敦煌佛典的流通与改造》，甘肃教育出版社，2013年，第165页。

【2】参见［宋］司马光编著，［元］胡三省音注《资治通鉴》卷二百四唐纪二十，中华书局，1956年，第6466页。

《老子》"【1】，到授意武承嗣伪造洛河神石【2】，道教对武则天的影响也是伴随一生。包括其晚年"控鹤监"的设置和《升仙太子碑》的竖立——只有道家才讲长生不老，这是大多数帝王在晚年都会追求的，武则天也不例外。

圣历三年五月（700年5月），正值《升仙太子碑》竖立的次年，在又一场疾病之后，女皇"以所疾康复，大赦天下，改元为久视"【3】。然后带领群臣李显、李旦、武三思、狄仁杰、张易之、张昌宗、李峤、苏味道、姚元崇、阎朝隐、崔融、薛曜、徐彦伯、杨敬述、于季子、沈佺期等16人，来到嵩山以东的告成县石淙河避暑，举行了著名的"石淙会饮"。武则天亲自作序，并赋七言律诗一首，16从臣各应制七律一首（见本书附录九），由薛曜誊写，这就是后来的《夏日游石淙诗并序》摩崖（见图29）。17首七律诗均是祈福主题，充满道家升仙思想。从文学史的角度讲，这次活动也是七言律诗从创作走向成熟的标志。据有关学者统计，这次活动诞生的17首七言律诗，超过了此前诗史上所有的七律诗总和，在文学史上具有重要意义。【4】

在石淙会饮之后，久视元年六月（700年6月—7月）或稍后，武则天的另一首升仙主题的杂言诗《游仙篇》，也被薛曜誊写【5】，刻在了《升仙太子碑》的碑阴碑额处（见图30）：

【1】参见［后晋］刘昫等撰《旧唐书》卷五本纪第五，中华书局，1975年，第99页。

【2】据《旧唐书·则天皇后本纪》记载："（垂拱四年）夏四月，魏王武承嗣伪造瑞石，文云：'圣母临人，永昌帝业。'令雍州人唐同泰表称获之洛水。"参见［后晋］刘昫等撰《旧唐书》卷六本纪第六，中华书局，1975年，第119页。

【3】参见［后晋］刘昫等撰《旧唐书》卷六本纪第六，中华书局，1975年，第129页。

【4】参见吴光兴《论初唐诗的历史进程——兼及陈子昂、"初唐四杰"再评价》，《文学评论》，1992年第3期。

【5】薛曜在《升仙太子碑》的碑阴碑额右下方题名"奉宸大夫臣薛曜书"。按照《资治通鉴》记载，控鹤监于久视元年六月改名奉宸府，所以《游仙篇》的题刻时间当是在五月石淙会饮之后。

杂言《游仙篇》御制　奉宸大夫臣薛曜书

　　绛宫珠阙敞仙家，蜕裳羽旆自凌霞。碧落晨飘紫芝盖，黄庭夕转彩云车。周旋宇宙殊非远，写望蓬壶停翠幰。千龄一日未言赊，亿岁婴孩谁谓晚。逶迤凤舞时相向，变啭鸾歌引清唱。金浆既取玉杯斟，玉酒还用金膏酿。驻迥游天域，排空聊憩息。宿志慕三元，翘心祈五色。仙储本性谅难求，圣迹奇术秘玄猷。愿允丹诚赐灵药，方期久视御隆周。

图29　河南登封 告成镇石淙河畔北岸《夏日游石淙诗并序》摩崖

图30　《升仙太子碑》碑阴 薛曜书武则天杂言《游仙篇》诗

圣历三年（700）至长安元年（701）之间，武则天命令张昌宗兄弟组织文人学士编纂了大型诗文类书《三教珠英》，共1300卷。这是中国古代最早的一部三教文献汇编。有观点认为武则天诏修《三教珠英》的本意，是为遮掩与张氏兄弟的宫闱丑事[1]。这部千余卷的类书编写历时仅不到两年，实际是以唐太宗时高士廉主持编修的《文思博要》的1200卷为底本，增加了佛教、道教内容。据《唐会要》记载：

> 初，圣历中，以上《御览》及《文思博要》等书聚事
>
> 多未周备，遂令张昌宗召李峤……等二十六人同撰。于旧书
>
> 外，更加佛道二教，及亲属、姓名、方城等部。[2]

关于参与编修的人员，两《唐书》和《唐会要》均记26人，宋人晁公武《郡斋读书志》中则记47人，或为编修过程中不断调整、增补人员之故。这些人主要有李峤、崔融、阎朝隐、徐彦伯、薛曜、于季子、沈佺期、张说、刘知几、宋之问、崔湜等，也有人认为杜甫的祖父杜审言也参与其中[3]。这些人当时依附于张氏兄弟，在后来神龙政变之后，大都遭到了贬谪。

【1】《旧唐书·张行成传》中记载："（武则天）以昌宗丑声闻于外，欲以美事掩其迹，乃诏昌宗撰《三教珠英》于内。乃引文学之士李峤……等二十六人，分门撰集，成一千三百卷，上之。"参见［后晋］刘昫等撰《旧唐书》卷七十八列传第二十八，中华书局，1975年，第2707页。

【2】参见［宋］王溥撰《唐会要》卷三十六，中华书局，1955年，第657页。

【3】关于参与修撰《三教珠英》的文人学士数目及不同名单记载，主要参见胡可先《论武则天时期的文学环境》（发表于《唐代文学研究》，2006）和王兰兰《〈三教珠英〉考补与发微》（发表于《唐史论丛》，2013年第2期）两文。

第七章 《升仙太子碑》的书法

一、帝王书碑

《升仙太子碑》是武则天唯一存世的御书碑。

帝王书碑的传统可以追溯至南北朝时期。如北魏太和十八年（494）的《吊比干文碑》，《魏书》中记载此碑是孝文帝元弘"经比干之墓，伤其忠而获戾，亲为吊文，树碑而刊之"[1]。而在初唐类文献《艺文类聚》中，也收录有南梁简文帝萧纲的8通碑文，梁元帝萧绎的17通碑文。虽然这些碑今已佚失，但证明了帝王御撰碑文的传统，特别是在南梁二帝的这20余通碑中，有没有皇帝亲笔御书的情况发生，恐怕也难以武断地说没有。到了唐朝，帝王书碑的情况就比较普遍了。唐太宗、高宗、武则天、中宗、睿宗、玄宗、代宗、顺宗等皇帝均有御书碑迹留存至今，表明碑刻这种纪念物在高层统治者心中的认同，也反映出唐朝帝王对于书法的热爱。

帝王书碑，并不是亲自俯身于碑上进行书丹，而是书写于纸，然后交给专门的书手摹勒上石，再由专门的刻工镌刻。所以《升仙太子碑》碑阴上就有勒御字者钟绍京、李元琛，刻御字者韩神感、朱罗门的题名。经过二次加工（摹勒）甚至三次加工（镌刻）之后的字形，距离皇帝最初的书法原貌相差多少，中唐学者窦臮、窦蒙的书论文献

【1】参见［北齐］魏收《魏书》卷七下帝纪第七下，中华书局，1974年，第175页。此碑传为崔浩书，原石久佚，宋翻刻，现在河南省卫辉市比干庙。

《述书赋并注》回答了这个问题。窦氏兄弟在谈及唐玄宗御书《西岳华山碑》和《东岳封禅碑》时说："虽有当时院中学士共相摹勒，然其风格大体皆出自圣心。"[1]

图31 山西太原晋祠 唐太宗《晋祠铭》

现存最早的帝王御书碑是唐太宗的《晋祠铭》，立于唐贞观二十年（646），现存山西太原晋祠（见图31）。《晋祠铭》的出现为后来唐高宗、武则天的御碑树立了一种传统，那就是行草书碑文加飞白碑额。如唐高宗李治的《大唐纪功颂碑》《孝敬皇帝睿德纪碑》，武则天的《升仙太子碑》，均是如此。

武则天的书法学习，主要来自两个方面的影响，一是其母亲杨氏，二是唐太宗、唐高宗父子。在纪念杨氏的《大周无上孝明高皇后

【1】参见上海书画出版社、华东师范大学古籍整理研究室选编校点《历代书法论文选》，上海书画出版社，1979年，第254页。

碑》中，有对杨氏的书法的描述：

> 曾于方寸，具写千言，总游雾于毫端，穷偃波于笔杪。

芝英云气，入魏帐而分辉。龙爪鱼形，映张池而散彩。[1]

杨氏生于北周静帝大象元年（579），卒于唐高宗咸亨元年（670），出身弘农杨氏，享年91岁。碑文中提到的"魏帐"当指北朝魏碑体，"张池"当指张芝草书，表明杨氏所擅书体多样，而"曾于方寸，具写千言"更加说明杨氏的书法功力不俗。武则天于76岁尚能洋洋洒洒写下2000余字的《升仙太子碑》，恐有其母遗传之故。

《升仙太子碑》正文采用行草书，直接延续并发展了唐太宗以行书入碑的做法[2]。武则天的书法到底学习了其母多少，已经不可考，但是从唐太宗朝开始兴起的崇尚王羲之书法的风尚，对整个唐代书坛影响都是巨大的，也直接影响到了武则天，她后来也自然而然成为王羲之书法的践行者，《宣和书谱》记载：

> （武则天）初得晋王导十世孙方庆者家藏其祖父二十八
> 人书迹，摹拓把玩，自此笔力益进。其行书骎骎，稍能有丈
> 夫胜气。[3]

"骎骎"即迅速之意，《宣和书谱》中用以形容武则天写字运笔流畅。琅琊王氏后人王方庆（？—702）进献家传书帖（见图32）是在万岁通天二年（697），正值《升仙太子碑》竖立之前两年。当然武则天的王书学习之路绝不是从此时才开始，应该说最晚从她14岁进入唐太宗后宫，就开始受到王字熏陶了。多年的耳濡目染和批阅奏章的积淀，使得女皇对行草书书写驾轻就熟、游刃有余。

【1】参见［清］董诰等编《全唐文》卷二百三十九，中华书局，1983年，第2419页。
【2】这一做法实际是将传统意义上的日常书写"行狎书"转移到纪念性书写"铭石书"的领域。启功先生则认为《升仙太子碑》是"草书写碑的开端"。参见启功著《启功给你讲书法》，中华书局，2005年，第28页。
【3】参见［宋］佚名，顾逸点校《宣和书谱》，上海书画出版社，1984年，第8页。

图32 《唐摹王羲之一门书翰》（亦称《万岁通天帖》） 辽宁省博物馆藏

　　笔者在此选取《怀仁集王羲之书圣教序》《温泉铭》《李勣碑》《升仙太子碑》局部，借以对比王羲之、唐太宗、唐高宗、武则天的书法（见图33—图36）：

　　从字体上看，唐太宗和唐高宗更多学习王羲之的行书，武则天的书法则更向草书发展。

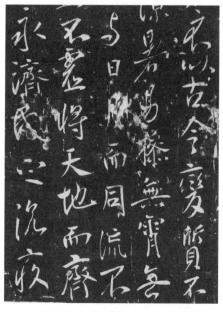

图33 《怀仁集王羲之书圣教序》局部 　　　图34 唐太宗《温泉铭》局部

图35 唐高宗《李勣碑》局部　　　　图36 武则天《升仙太子碑》局部

从字形上看，唐太宗的字更加纵长，武则天的字则更加方正。

从章法上看，唐太宗和唐高宗均追求书写的连贯性，字间距、行间距错落自由。武则天则不逾越界格半步，字如算子排列，缺少了一气呵成的神韵。

从用笔上讲，王羲之的用笔相对含蓄，唐太宗则笔势外拓纵放，洒脱自如。武则天则笔势收敛，重回王羲之的内擫之势。

总体而言，人如其书，唐太宗的书法最显帝王霸气，唐高宗虽努力学习其父，但气息柔弱，武则天虽是女中豪杰，但其书风亦不免内秀。

根据唐人张怀瓘《二王等书录》记载，贞观内府收藏有王羲之书法2290纸，其中真书占2.2%，行书占10.5%，草书占87.3%[1]。草书

【1】[唐]张怀瓘《二王等书录》记载："右军书大凡二千二百九十纸，装为十三帙一百二十八卷。真书五十纸，一帙八纸，随本长短为度。行书二百四十纸，四帙四十卷，四尺为度。草书两千纸，八帙八十卷，以一丈二尺为度。并金缕杂宝装轴织成帙。其书每缝皆用小印印之，其文曰'贞观'。"参见[唐]张彦远撰，范祥雍点校《法书要录》卷四，人民美术出版社，1984年，第148页。

帖的数量占绝对优势，当成为武则天习书的主要范本。不过张怀瓘对王羲之的草书另有评价：

> 人之材能，各有长短。诸子于草，各有性识，精魄超然，神彩射人。逸少则格律非高，功夫又少，虽圆丰妍美，乃乏神气，无戈戟铦锐可畏，无物象生动可奇，是以劣于诸子。得重名者，以真、行故也，举世莫之能晓，悉以为真、草一概。[1]

张氏认为王羲之的楷书和行书俱佳，草书则"劣于诸子""无戈戟铦锐可畏"，"铦锐"成为张怀瓘评价王羲之书法的重要标准。"铦锐"一词直白的意思就是锋利，这样来看，唐太宗的书法对"铦锐"把握得最为到位，甚至比王羲之有过之而无不及。如其《温泉铭》，在中锋用笔的基础上更注重提按，拐折处依势侧锋，由此在一个字之内形成明显的笔画肥瘦对比。又于收笔处大量直接出锋，棱角分明，加重了字势的挺拔凌厉之感。也许是武则天更多学写王羲之草书的缘故，对"铦锐"体会不强，或出于个人心理，有意识地规避锋芒。所以《宣和书谱》中评价她的书法"稍能有丈夫胜气"，已属中肯。

二、飞白碑额

《升仙太子碑》碑阳碑额"升仙太子之碑"6个大字，是用飞白书写而成（见图37）。书者是谁，不太好下结论，因为碑文虽然是"大周天册金轮圣神皇帝御制御书"，但是这个"御书"是否也包括碑额，无法判断。从历史记载来看，武则天确实有过用飞白书题写寺庙匾额的行为，但是此碑的飞白碑额风格迥异，即使是武则天所写，

【1】出自［唐］张怀瓘《书议》。参见上海书画出版社、华东师范大学古籍整理研究室选编校点《历代书法论文选》，上海书画出版社，1979年，第147页。

也是由专业书手刻工再度加工而成。

所谓"飞白书"，是一种书法的表现形式。北宋黄伯思《东观余论》中言："盖取其若丝发处谓之白，其势飞举谓之飞。"【1】唐代张怀瓘《书断》中记载了飞白书的起源："案飞白者，后汉左中郎将蔡邕所作也。……本是宫殿题署，势既径丈，字宜轻微不满，名为飞白。……案汉灵帝熹平年，诏蔡邕作《圣皇篇》。篇成，诣鸿都门上。时方修饰鸿都门，伯喈待诏门下，见役人以垩帚成字，心有悦焉，归而为飞白之书。"【2】张怀瓘提到飞白书的产生最早是由于宫殿匾额字大，书写时墨色无法全盘覆盖而造成的现象，蔡邕受到仆役使用板刷擦的启发将其引用到书法中来。张怀瓘已经是盛唐学者，飞白书到底是否在东汉产生还很难说，是否由蔡邕发明更是难讲，但是在初唐类书《艺文类聚》中收有一篇东晋刘劭的《飞白书势》，表明这种书体在魏晋南北朝时期已经成熟。

唐太宗本人就非常喜作飞白书，在历史上有多则记载：

> 太宗文皇帝飞白书十二句五十五字者，贞观十六年答左骑常侍刘洎之诏也。【3】

> （贞观）十八年二月十七日，召三品以上，赐宴于玄武门。太宗操笔作飞白书，群臣乘酒就太宗手中竞取，散骑常侍刘洎登御床引手，然后得之。其不得者，咸称洎登御床，罪当死，请以付法。太宗笑曰："昔闻婕妤辞辇，今见常侍登床。"【4】

【1】参见崔尔平选编点校《历代书法论文选续编》，上海书画出版社，2015年，第83页。

【2】参见上海书画出版社、华东师范大学古籍整理研究室选编校点《历代书法论文选》，上海书画出版社，2014年，第164页。"垩帚"指板刷擦之类的工具。

【3】参见［唐］权德舆《权载之文集》卷三十一，四部丛刊景清嘉庆本。

【4】参见［唐］张彦远撰，范祥雍点校《法书要录》卷四，人民美术出版社，1984年，第164页。

（贞观）十八年五月太宗为飞白书，作鸾凤蟠龙等字，笔势惊绝。谓司徒长孙无忌、吏部尚书杨师道曰："五日旧俗必用服玩相贺，朕今各赐君飞白扇二枚，庶动清风，以赠美德。"【1】

太宗尝以神笔赐（马）周飞白书曰："鸾凤凌云，必资羽翼。股肱之寄，诚在忠良。"【2】

上行下效，唐太宗的这一爱好也影响到了其他皇室成员。《旧唐书》载："咸亨中，高宗为飞白书以赐侍臣。"【3】《新唐书》载："（晋阳公主）临帝飞白书，下不能辨。"【4】甚至影响到了武则天，《历代名画记》载："荐福寺，天后飞白书额。"【5】我们今天能够看到的唐太宗《晋祠铭》，唐高宗《大唐纪功颂碑》《孝敬皇帝睿德纪碑》，均有飞白书题额。此外，高宗时《尉迟敬德墓志》的志盖也是飞白书（见图38－图41）。

【1】参见［宋］王溥撰《唐会要》，中华书局，1955年，第647页。

【2】参见［后晋］刘昫等撰《旧唐书》卷七十四列传第二十四，中华书局，1975年，第2619页。

【3】参见［后晋］刘昫等撰《旧唐书》卷七十列传第二十，中华书局，1975年，第2535页。

【4】参见［宋］欧阳修、宋祁撰《新唐书》卷八十三列传第八，中华书局，1975年，第3649页。

【5】参见［唐］张彦远著，俞剑华注释《历代名画记》，上海人民美术出版社，1964年，第60页。

图37 《升仙太子碑》飞白碑额

图38 《晋祠铭》飞白碑额

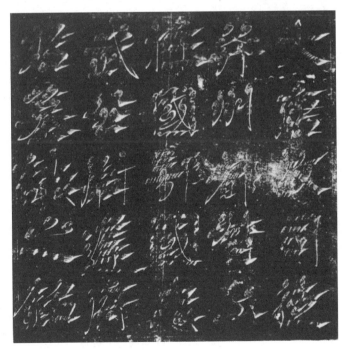

图39《尉迟敬德墓志》飞白志盖

图40 《大唐纪功颂碑》飞白碑额　　图41《孝敬皇帝睿德纪碑》飞白碑额

　　仔细观察，这些飞白书并不是简单的露白，而是极富装饰性，最后发展为一种工艺美术字。最早从《晋祠铭》的飞白碑额开始，就萌生装饰意味，如《晋祠铭》碑额中"观"字最后的撇笔和竖弯钩，状如丝带。到了唐高宗时期，飞白书碑更加富于设计感，甚至融入了视错觉，使字形更加立体化，观感上如云朵，如丝帛。这样的字基本是一次性无法书写完成的（见图42－图43），必然要依靠工匠的设计和刻画。再细看武则天《升仙太子碑》的碑额，"升仙太子之碑"6字之内却藏有10个只鸟的图案[1]，这在中国古代碑刻中独树一帜（见图44）。

【1】"升"中有3只，"仙"中有4只，"太""之""碑"中各1只。

图42 《尉迟敬德墓志》志盖局部

图43 《大唐纪功颂碑》碑额局部

图44 《升仙太子碑》碑额局部

　　实质上，这种有鸟形图案装饰的处理，可以归到中国古代"鸟虫书"的广义范畴中去。"鸟虫书"的记载在历史上屡见不鲜，东汉许慎《说文解字·序》中提到秦书八体中有"虫书"，新莽六书中有"鸟虫书"；南北朝时王愔《古今文字志目》中提到古书36种中有"鸟书"；南朝萧子良《古今篆隶文体》《古文之书五十二种》中提到"鸟书""鹤头书""凤鸟书""鹄头书"；唐代韦续《墨薮》中提到56种书中有"鸟迹书""鹤头书"。这些杂体书在魏晋隋唐流行发展，与道教符箓、图谶等思想密不可分。

现当代很多学者对"鸟虫书"有过详细的研究[1]。浙江省博物馆曹锦炎先生在其《鸟虫书通考》一书中，对鸟虫书下了一个精简的定义："所谓鸟虫书，是指在文字构形中改造原有的笔画使之盘旋弯曲如鸟虫形，或者加以鸟形、虫形等纹饰的美术字体。"[2]这一定义涵盖了两种情况，一是笔画盘旋弯曲如鸟虫形（如春秋时期的楚地青铜器铭文），二是以鸟、虫图形装饰文字。《升仙太子碑》的碑额情况属于后者。

与《升仙太子碑》碑额鸟形装饰相类似的情况，可见于北魏时期的墓志铭，如北魏孝明帝正光六年（525）的《李遵墓志》志盖和孝昌二年（526）的《于景墓志》志盖（见图45-图46）。这两方墓志均出土于河南洛阳，以小鸟图形装饰志盖笔画，与《升仙太子碑》的处理同出一辙。而在《升仙太子碑》之前的隋唐武周诸碑或墓志中，笔者尚未看到这种鸟形图案装饰，但也有显示出类似迹象的作品存在。如贞观二年（628）的《李建成墓志》（见图47），其中许多字的局部点画处理貌似在拟形小鸟，但又不及《李遵墓志》《于景墓志》明确，介于似与不似之间。直到《升仙太子碑》竖立之后，一些碑刻之上出现了比较明确的鸟形装饰，如唐睿宗景云二年（711）的《景云钟》铭文（见图48），还有唐玄宗天宝元年（742）的《卧化塔造像石》[3]。

【1】近现代金文学家容庚，当代学者马国权、林素清、曹锦炎、丛文俊、张传旭等人均对鸟虫书进行过研究讨论和分类，参见邢建丽《书学视野下"鸟虫书"性质研究》，《中国书法》，2018年第24期。
【2】参见曹锦炎著《鸟虫书通考（增订版）》，上海辞书出版社，2014年，第1页。
【3】藏于山东省成武县博物馆。

图45 《李遵墓志》志盖
首都博物馆藏

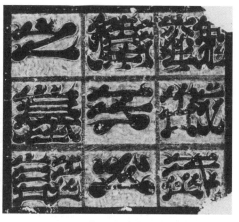

图46 《于景墓志》志盖
北京故宫博物院藏

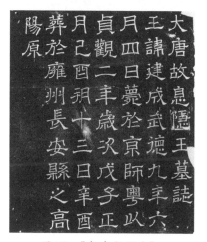

图47 《李建成墓志》
西安博物院藏

图48 《景云钟》铭文局部
西安碑林博物馆藏

  笔者认为，《升仙太子碑》碑额上的鸟形图案装饰，直接因袭了北魏墓志盖的装饰传统，背后则是道家升仙思想的作用影响。《升仙太子碑》选择鸟形图案进行装饰，或有附会王子晋驾鹤升仙之意。

三、武周新字

文字的出现，是人类社会从蛮荒走向文明的重要标志。《淮南子·本经训》中说："昔者仓颉作书而天雨粟，鬼夜哭。"[1]此事虽属神话，但深刻地说明了文字产生的开天辟地的意义。一代女皇武则天创造新字，更是史无前例的举动。在她之前，千古一帝秦始皇，所做的也只是整理、统一前代文字；同样追求前卫革新的汉朝篡位者王莽，历史上也未记载其有造字行为。所以武则天的造字之举，实际是在向上古圣王伏羲、仓颉等看齐，为武周王朝和自身统治增添一重神性。

载初元年正月（689年12月），凤阁侍郎宗秦客在武则天的授意下，改造"天""地"等12字以献，拉开了武周王朝造新字的序幕。关于武周朝一共造了多少字，各种历史记载不一，今天学界主要以北京故宫博物院研究员施安昌先生的研究结论为主[2]，新造字共计17字18式（其中"月"字前后两式），分为五期（见图49）：

时间	改写文字
载初元年正月 （689年12月）	日-⊘　月-囝　星-〇　天-而　地-埊　年-秊 正-丆　载-㦕　初-㞢　君-𠀆　臣-忠　照-曌
元授元年九月 （690年10月）	授-稶
证圣元年正月 （694年11月）	证-𧶊　圣-𡥐
证圣元年四、五月 （695年5、6月）	国-圀
圣历元年正月-神龙元年正月 （697年12月-705年1月）	人-𤯔　月-囲

图49 武周新字一览表

【1】参见刘文典撰，冯逸、乔华点校《淮南鸿烈集解》，中华书局，1989年，第252页。
【2】施安昌的研究主要参见《从院藏拓本探讨武则天造字》《关于武则天造字的误识与结构》《武则天造字之讹变——兼谈含"新字"文物的鉴别》等三篇论文，分别发表于《故宫博物院院刊》1983年第4期、1984年第4期和1992年第4期。

从表格中可以看出，武周新字大多数为会意合成字，即由几个单字进行组合，表达美好寓意（见图50）：

地-埊：	山、水、土组成，意为有山有水有土
年-𠢧：	千、千、万、万组成，意为千千万万绵延不绝
载-𡕀：	十、天、日、土、水组成，意为东西南北，天地日月，流动不息
初-𡔈：	天、明、人、土组成，意为明明上天，照临人土
君-𠁈：	天、大、吉组成，意为君临天下，天下大吉
臣-忠：	一、忠组成，意为忠于一人
照-𡇯：	日、月、空组成，意为日月当空
授-𥡆：	禾、久、天、王组成，意为天赐嘉禾，久为君王
证-𡎇：	永、主、人、王组成，意为人主为王，永葆万年
圣-𡐫：	长、正、主组成，意为圣主正授，长命不衰
国-圀：	口、八、方组成，意为四面八方
人-𤯔：	一、生组成，意为一生

图50 武周新字中的会意合成字

以上会意合成字共12个[1]，其余6个新字中，包括象形字两个，一为"星"，以一圆圈表示；一为"日"，以一小鸟形状置于圆圈之内，小鸟或为日中金乌之指。假借字2个，一为"天"，借用小篆写法；一为"正"，借用"王"字的古文写法。最后，"月"字前后两种新造写法，前期写法以佛教中的"卐"符置于圆圈之内，圆圈象征满月，"卐"符表示吉祥如意，属于象形加会意的组合字。后期写法以"出"置于"匚"中，关于这种写法有两种解释，一种解释是以

【1】其中"载""初""授""证""圣"是武则天特意为自己的3个年号"载初""天授""证圣"所造。

"匚"象征云，附会"出云见月"之意，如果是这样，那么此字就是象形加会意的组合字。另一种解释是以"匚"象征半月，以"出"象征月宫蟾蜍之形，如果是这样，那么此字就是象形字。

据笔者统计，《升仙太子碑》2000余字的碑阳正文中，共计使用新字11个61次，包括"日"4次，"月"（后期样式）7次，"星"5次，"天"14次，"地"10次，"年"5次，"正"2次，"载"5次，"圣"4次，"国"1次，"人"4次。由于碑文是行草书，大多数新字只是把其楷书写法稍加连笔处理，日、天、年、载四字的处理则变化明显（见图51）：

日　　　天　　　年　　　载

图51 部分武周新字的行草书处理

此外在碑阳上下款中，还有"日"1次，"月"1次，"天"1次，"年"1次，"圣"2次。碑阴的碑额御诗部分还有"日"1次，"天"1次，"圣"1次，碑阴诸臣工题名部分还有"天"1次；"臣"17次[1]，"国"11次，"人"1次。所以全碑总计有武周新字12个，正好100处。

《升仙太子碑》是研究武周新字的重要文物。

四、薛氏兄弟

如果说武则天是《升仙太子碑》的总设计者，张易之、张昌宗兄弟是此项工程的总负责人，那么薛稷（649—713）就是总执行人。薛

【1】包括碑阴中央一列被凿题名，在这列题名中，原先也应有一个"臣"字新字。

稷是此碑的"勒碑使"（这一点在后文中会详细说明），亲自书写了《升仙太子碑》碑阳的上下款和碑阴的诸臣题名。后来他的族兄薛曜（约642—703）又奉命书写了武则天杂言诗《游仙篇》，刻于碑阴碑额。

薛氏兄弟是武则天时代最重要的书法家，出身于名门望族河东薛氏，又与皇室联姻，相关人物关系图（见图52）如下：

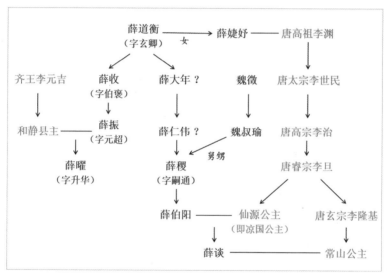

图52 薛氏兄弟相关人物关系示意图

此处需先理清薛氏兄弟的关系。就薛曜的世系，历史记载比较清楚："薛收孙，薛元超子。"[1]薛稷的父、祖在两《唐书》的《薛收传》中均未提及，只是称薛曜是薛稷的从祖兄，又称薛稷是薛元超的从子。所以薛曜、薛稷属同辈无疑，两人共同的曾祖父正是隋朝文学家薛道衡（535—604）[2]。《新唐书·宰相世系表》中，给出了从薛道衡到薛稷的世系："道衡—大年—行成—仁伟—稷。"[3]但

【1】参见两《唐书》中的《薛收传》。

【2】有些文章中认为薛收是薛曜和薛稷的共同祖父，实误。

【3】参见［宋］欧阳修、宋祁撰《新唐书》卷七十三下表第十三下，中华书局，1975年，第3006页。

是按照这样的记载，薛道衡又成了薛稷的高祖父，显然与两《唐书》的《薛收传》记载矛盾。浙江大学中文系教授胡可先在其《出土墓志与唐代河东薛氏文学家族考论》一文中则把"行成""仁伟"之间解释为同辈关系，认为薛稷的父、祖分别是薛仁伟和薛大年，薛行成是薛稷的伯父[1]。

薛曜的祖父薛收，名列"秦王府十八学士"，外祖父则是李元吉，《旧唐书·薛收传》记载薛曜的父亲薛元超：

> 早孤，九岁袭爵汾阴男。及长，好学，善属文。太宗甚重之，令尚巢剌王女和静县主。[2]

"巢剌王"是唐太宗在贞观十六年（642）为李元吉定的谥号[3]。或许是由于李元吉后代在李唐宗室中地位低下，传说薛元超还因此发过牢骚："吾不才，富贵过人，平生有三恨，始不以进士擢第，不娶五姓女，不得修国史。"[4]薛元超在高宗朝官至宰相，深得高宗器重，太子李弘死后，《孝敬皇帝哀册文》就是由他所

【1】参见胡可先《出土墓志与唐代河东薛氏文学家族考论》，《中国文学研究》，2014年第2期。笔者认可作者对薛大年和薛仁伟的判断，但是"行成"一名，到底是"仁伟"同辈还是"大年"同辈，值得商榷。因为在《新唐书·宰相世系表》中，与"仁伟"并列的还有"仁方"，这两个名字明显是同辈无疑，若再解释"行成"与"仁伟""仁方"同辈，有点匪夷所思。所以笔者认为，"行成"一名有可能是"大年"同辈，还有可能是薛大年的字。

【2】参见[后晋]刘昫等撰《旧唐书》卷七十三列传第二十三，中华书局，1975年，第2590页。

【3】《旧唐书·太宗本纪》记载："（贞观十六年）夏六月辛卯，诏复隐王建成曰隐太子，改封海陵剌王元吉曰巢剌王。"参见[后晋]刘昫等撰《旧唐书》卷三本纪第三，中华书局，1975年，第54页。

【4】参见[宋]王谠著，周勋初校证《唐语林校证》，中华书局，1987年，第384页。

写。【1】

薛曜的生平事迹不详，两《唐书》中仅记载他"以文学知名。圣历中，修《三教珠英》，官至正谏大夫"【2】，"附会张易之"【3】。另外，可知他与初唐诗人王勃是朋友，王薛两家为世交，薛曜的祖父薛收就是王勃祖父王通的弟子【4】。值得注意的是，朱关田先生在《中国书法史·隋唐五代卷》中提到了一个信息："薛曜为元超长子，褚遂良乃其舅祖。"【5】这个说法在后来被很多文章引用甚至是误用，借以说明薛氏兄弟的书法渊源。朱关田先生在其另一部著作《唐代书法家年谱》中解释了这一信息的来源：

> 褚遂良《潭府帖》："潭府下湿，不可多时……五月八日，舅遂良报薛八侍中前。""薛八侍中"，盖"侍郎"之误。薛八乃薛元超（622—683），秦府十八学士记室薛收之子，……是帖，著录首见《淳化阁帖》"历代名臣法帖第四"。黄伯思《法帖刊误》卷上，以为伪。【6】

【1】初唐时期薛氏一门的显贵，还与薛婕妤有关。根据《大唐大慈恩寺三藏法师传》记载："尼宝乘者，高祖神尧皇帝之婕妤、隋襄州总管临河公薛道衡之女也。德芬彤管，美擅椒闱。父既学业见称，女亦不亏家训。妙通经史，兼善文才。大帝（指高宗）幼时，从其受学，嗣位之后，以师傅旧恩，封河东郡夫人，礼敬甚重。夫人情慕出家，帝从其志，为禁中别造鹤林寺而处之，并建碑述德。"（参见［唐］慧立、彦悰著《大唐大慈恩寺三藏法师传》，中华书局，1983年，第179页。）可知薛婕妤作为唐高祖的嫔妾，在唐太宗长孙皇后去世后，还被指定为太子李治的学业监管人，与李治有着深厚的感情。
【2】参见［后晋］刘昫等撰《旧唐书》卷七十三列传第二十三，中华书局，1975年，第2591页。
【3】参见［宋］欧阳修、宋祁撰《新唐书》卷九十八列传第二十三，中华书局，1975年，第3893页。
【4】参见邓小军《河汾之学与贞观之治的关系》，《四川师范大学学报（社会科学版）》，1991年第6期。
【5】参见朱关田著《中国书法史·隋唐五代卷》，江苏教育出版社，1999年，第70页。
【6】参见朱关田著《唐代书法家年谱》，江苏教育出版社，2001年，第75页。

按《淳化阁帖》中《潭府帖》所记，褚遂良自称"薛八侍中"之舅，如果"薛八侍中"是指薛元超的话，那么"褚遂良乃薛曜舅祖"的说法自然成立。然而朱关田先生又提及宋人黄伯思的鉴定意见，表面是说《潭府帖》的真伪问题，实际亦是对薛褚两家亲属关系表示不确定。按黄伯思《东观余论》中考：

> 褚河南《潭府帖》末云"舅遂良报，薛八侍中前。"外舅张知常以为河南谪潭时无有薛姓为侍中者。仆尝考之，信然。案：遂良以高宗永徽六年贬潭州都督，前此上至神尧时为侍中者，裴矩、齐王元吉、杜如晦、王珪、魏元成、杨师道、刘洎、张行成、高季辅、宇文节、韩瑗，凡十一人，未有薛姓者。至仪凤中，薛元超始作相，既在遂良后，又不作侍中，当时在外镇未有兼此官者。及观字势，亦效褚作妩媚态，其伪必矣。【1】

《潭府帖》为伪，那么褚遂良是薛元超之舅的关系还成立吗？按照朱关田的说法："'薛八侍中'，盖'侍郎'之误。"似乎欲为此伪帖进行"找补"，毕竟薛元超确实担任过"黄门侍郎""东台侍郎""中书侍郎"等职。但问题是如果没有更多的新证据出现（如《薛元超墓志》）【2】，我们既无法证明"薛八侍中"到底是指哪位河东薛氏成员，也无法证明褚遂良所自称"舅"指的是亲舅还是表舅，褚遂良与薛曜、薛稷兄弟的亲属关系就更难判断了。就目前对河东薛氏和阳翟褚氏的研究而言，笔者尚未发现关于这两个家族之间直接联姻的记载。

薛稷的父、祖生平事迹不详，外祖父是魏徵，这是非常明确的。

【1】参见［宋］黄伯思撰，李萍点校《东观余论》，人民美术出版社，2010年，第11页。
【2】1972年出土的《薛元超墓志》和《全唐文》中所收录的《中书令汾阴公薛振行状》均未提及薛元超母族之事。

《旧唐书·薛收传》记载：

> 稷外祖魏徵家富图籍，多有虞、褚旧迹，稷锐精模仿，
> 笔态遒丽，当时无及之者。[1]

《新唐书·魏徵传》又载：

> （魏徵之子）叔瑜，豫州刺史，善草隶，以笔意传其子
> 华及甥薛稷，世称善书者，前有虞褚后有薛魏。[2]

由此可知薛稷书学虞世南、褚遂良，并直接受教于他的舅舅魏叔瑜。

在唐代，上层官员家族子弟以擅长书法入仕是常见门荫政策的一种。其一般过程是：先授勋表示具备荫庇资格；然后进入馆（弘文馆、崇文馆）、学（国子学、太学）为生徒学习书法，其中三品以上官员子弟入两馆和国子学，五品以上入太学；最后进行考试或者科举，分配岗位。[3]《新唐书·艺文志》记载：

> 贞观中，魏徵、虞世南、颜师古继为秘书监，请购天下
> 书，选五品以上子孙工书者为书手，缮写藏于内库，以官人
> 掌之。[4]

《唐会要》记载：

> 贞观元年，敕见在京官文武职事五品已上，子有性爱学
> 书及有书性者，听于馆内学书，其法书内出，其年有二十四
> 人入馆，敕虞世南、欧阳询教示楷法。[5]

【1】参见［后晋］刘昫等撰《旧唐书》卷七十三列传第二十三，中华书局，1975年，第2591页。

【2】参见［宋］欧阳修、宋祁撰《新唐书》卷九十七列传第二十二，中华书局，1975年，第3881页。

【3】参见周侃《唐代书手研究》，首都师范大学博士学位论文，2007年。

【4】参见［宋］欧阳修、宋祁撰《新唐书》卷五十七志第四十七，中华书局，1975年，第1422页。

【5】参见［宋］王溥撰《唐会要》卷六十四，中华书局，1955年，第1115页。

这些记载表明门荫制度的存在。《升仙太子碑》上薛稷有一个官衔叫"骑都尉"，这便是他的勋位，级别从五品上。薛稷入的是太学[1]，说明他的父亲官位并不高，薛稷最终还是通过参加科举"举进士"获得了做官资格[2]。

图53 薛曜《夏日游石淙诗并序》局部

今天薛氏兄弟留下来的可靠书法作品，除《升仙太子碑》之外，薛曜尚有3件：万岁登封元年（696）的《大周封祀坛碑》[3]，久视元年（700）的《夏日游石淙诗并序》摩崖，大足元年（701）的《秋日宴石淙序摩崖》[4]。薛稷有2件：唐中宗神龙二年（706）的《信行禅师碑》[5]，景龙二年（708）的《房先忠墓志》[6]。

薛氏兄弟的瘦硬书风（见图53—图54）实际是在继承初唐第一、二代书家欧阳询（557—641）、虞世南（558—638）、褚遂良（596—658）书法的基础之上，所进行的一种楷书笔法创新。他们的瘦硬书风被认为是后来宋徽宗瘦金体的来源。

【1】《新唐书·郭元振传》记载："郭震，字元振……与薛稷、赵彦昭同为太学生。"参见［宋］欧阳修、宋祁撰《新唐书》卷一百二十二列传第四十七，中华书局，1975年，第4360页。

【2】参见［后晋］刘昫等撰《旧唐书》卷七十三列传第二十三，中华书局，1975年，第2591页。

【3】［唐］武三思撰文，在河南登封。

【4】［唐］张易之撰文，在河南省登封市告成镇石淙河畔南崖。

【5】［唐］越王李贞撰文，石已佚。现仅有何绍基藏宋拓孤本传世，日本京都大谷大学藏。

【6】［唐］李迥秀撰文，大唐西市博物馆藏。

图54 薛稷《信行禅师碑》局部

图55 欧阳询《皇甫诞碑》局部

图56 褚遂良《伊阙佛龛碑》局部

图57 褚遂良《雁塔圣教序》局部

　　欧、褚的字，有些作品尚未脱离魏碑体式（见图55—图56），或以行书笔法入楷（见图57）。薛稷兄弟所做的则是吸收魏碑体的方正结体，以南方书法的纤瘦用笔为表现，并揉入行书的粗细变化，从而使得字形于方正间不乏灵动，柔媚间不失筋骨，刚柔并济。

　　用笔瘦硬是二薛兄弟书法共有的特点，而笔画转折、收笔处的刻意折顿，却是薛曜书法的主要特点，也成为后来瘦金体的鲜明特点。笔者认为薛曜和宋徽宗书法中的"折顿"——这样一种装饰性的用笔其实是在模仿"鹤膝"（见图58）。二张兄弟主持的"控鹤监"中是否养鹤，历史上没有记载，但是从薛稷所创"六扇鹤样"的历史记载来看[1]，武则天的御苑一定是养鹤的。同样服务于女皇的薛曜也很有可能受到御苑中鹤腿形状的启发，从而有了书法上的创新。其实养鹤这回事，归根结底也是道家升仙思想的产物，后来在宋徽宗那里也是如此。

图58

【1】按《历代名画记》卷九记载："（薛稷）画鹤知名，屏风六扇鹤样，自稷始也。"参见［唐］张彦远著，俞剑华注释《历代名画记》，上海人民美术出版社，1964年，第182页。

薛曜主要以书法留名，薛稷则书画兼善，且直接负责《升仙太子碑》工程。那么《升仙太子碑》上那块具有鸟形装饰的碑额有没有可能是薛稷所设计？此待博识君子考之。

第八章 《升仙太子碑》的碑阴

一、八大臣题名

在《升仙太子碑》的碑阴右上方，镌刻着薛稷书八大臣题名（见图59）：

> 春官尚书、检校内史、监修国史、上柱国、梁王，臣三思
>
> 光禄大夫、行内史、上柱国、邢国公，臣王及善
>
> 中大夫、守凤阁侍郎、同凤阁鸾台平章事、上柱国，臣苏味道
>
> 朝散大夫、守凤阁侍郎、同凤阁鸾台平章事，臣魏元忠
>
> 银青光禄大夫、守纳言、上柱国、汝阳县开国男，臣狄仁杰
>
> 银青光禄大夫、守纳言、上柱国、谯县开国子，臣娄师德
>
> 银青光禄大夫、行鸾台侍郎、同凤阁鸾台平章事、上柱国、郑县开国子，臣杨再思

图59 薛稷书八大臣题名

朝议大夫、守天官侍郎、同凤阁鸾台平章事、左控鹤内

供奉,臣吉顼[1]

这是圣历二年(699)时的宰相班子。

帝王巡游立碑,随从大臣于碑阴题名,这个传统之前就有。如北魏的《吊比干文碑》(北宋翻刻,现在河南卫辉),碑阴刻有随行大臣82人题名。唐太宗贞观二十年(646)的《晋祠铭》(山西太原),碑阴有七大臣题名(见图60)。唐高宗永徽五年(654)的《万年宫铭》(陕西麟游),碑阴有三品以上文武大臣48人题名。在《升仙太子碑》之后,还有唐玄宗开元十七年(729)的《大唐龙角山庆唐观纪圣铭》(山西浮山),碑阴有随行大臣75人题名。以上碑刻题名分为两种情况,《晋祠铭》与《万年宫铭》的大臣题名,字体大小和风格不一,当为大臣本人题写,刻工复刻于碑,能够较好地保持题写者的笔迹原貌。包括《升仙太子碑》在内的其余诸碑题名则是由书工统一抄录镌刻。

这里有必要说明一下唐碑上的大臣题名构成,一般是按照"散官+职官(包括使职)+勋位+爵位+姓名"的顺序进行描述。以《升仙太子碑》为例,"某某大夫"是散官名,代表官

图60 《晋祠铭》碑阴七大臣题名

【1】题名中的标点是笔者所加,为方便下文讨论。

员级别待遇；"内史""纳言""尚书""侍郎"等是职官，代表实际职务工作；"上柱国"是勋位；"王""开国男""开国子"是爵位。此外，当一个人的职官等级低于散官等级时，职官前加"行"；当职官等级高于散官等级时，职官前加"守"。"检校内史"则具有使职意味。所谓使职，即以他官之名行此官之实。武则天在光宅元年（684）改中书省为凤阁，中书省长官中书令为内史，门下省为鸾台，门下省长官侍中为纳言，吏、户、礼、兵、刑、工六部改为天、地、春、夏、秋、冬六官。

圣历二年（699）之时，武周朝堂之上已经明显形成三派势力。一派是维护太子李显和相王李旦，希望李唐复国的大臣（以下简称李氏派），一派是以梁王武三思为首的武氏派，还有一派是以张易之、张昌宗兄弟为首的张氏派。应该说，武则天晚年重用二张兄弟，绝不仅是一般人认为的豢养男宠那么简单，实际也是出于一种对权力制衡的考虑。武则天心中当然明白李显、李旦的委屈，但也清楚委屈多年之后必然是疯狂报复的道理。武则天更清楚武三思的无德和野心，因此更不能一味纵容武氏子侄坐大引起不良后果。所以无论重用哪一派，都可能引起下面的猜测和政治投机，导致权力的失衡。当她步入衰年，帝国的船舵如何还能在自己手中掌握，武则天选择了另起炉灶，起用二张兄弟。二张兄弟出身官宦世家，但并非望族，其叔祖张行成在高宗朝官至宰相，仅此而已。张昌宗官至左散骑常侍[1]，正三品；其兄张易之官至麟台监（即秘书监），从三品。都不是真正的宰相，但是受到女皇欣赏，最后无论是武氏权贵还是李氏权贵都不得不主动逢迎巴结："武承嗣、三思、懿宗、宗楚客、宗晋卿候其门

【1】此处按《旧唐书》说法，《新唐书》作"左散骑常侍"。

庭，争执鞭辔。"【1】"皇太子、相王请封昌宗为王。"【2】

所以《升仙太子碑》上显示的圣历二年（699）宰相班子，实际是武则天平衡朝堂之上三派势力的结果。八位宰相中，王及善、魏元忠、狄仁杰三人是心系李唐的老臣；武三思是武则天之侄，武氏宗亲重要人物；吉顼是张氏兄弟在控鹤监的下属；娄师德似乎没有明显的政治倾向；苏味道、杨再思两位则是见风使舵之徒，以阿谀圆滑著称。从这个名单来看，李氏派大臣略占优势，这也体现出武则天晚年意欲还政李唐的倾向安排。王及善（618—699）年龄最大，此时已经82岁，他在唐高宗时就做过李弘的太子府属官左奉裕卫率，此人以耿介著称，前有坚持上奏判酷吏来俊臣极刑，后有不摧眉折腰趋附二张兄弟。史书记载："及善虽无学术，在官每以清正见知，临事难夺，有大臣之节。"【3】魏元忠（？—707）与狄仁杰（630—704）【4】二人则是以韬略著称。魏元忠是太学生出身，富于军事谋略，曾参与平定徐敬业叛乱，并几度守备边境，抵御突厥、吐蕃侵扰。他与王及善一样，也对二张兄弟不买账，后来长安三年（703）还发生过张昌宗构陷魏元忠的事件。狄仁杰早年以明经及第，高宗时为大理寺丞，清

【1】参见［后晋］刘昫等撰《旧唐书》卷七十八列传第二十八，中华书局，1975年，第2706页。

【2】参见［宋］欧阳修、宋祁撰《新唐书》卷一百四列传第二十九，中华书局，1975年，第4015页。

【3】参见［后晋］刘昫等撰《旧唐书》卷九十列传第四十，中华书局，1975年，第2911页。

【4】狄仁杰的卒年有争议，两《唐书》和《资治通鉴》记载为久视元年（700）九月，在河南洛阳千唐志斋博物馆中，收有一方狄仁杰撰书的《大周故相州刺史袁府君（袁公瑜）墓志铭》，墓主夫妇的合葬日期却为"久视元年十月廿八日"，似当时狄仁杰仍在世。《大唐新语》中又记载狄仁杰在长安年间推荐张柬之，《通典》《唐会要》更将此事精确到长安二年（702）。据此，有人考证并推算狄仁杰应在长安四年（704）九月去世。参见王京阳、袁宪《唐狄仁杰卒年考辨》，《故宫博物院院刊》，1995年第1期。

明善断，后逐步升迁，内有理政中枢之才，外有安抚地方之略。狄仁杰力劝武则天复立李显为太子，并善于举贤，后来发动神龙政变的张柬之、桓彦范、敬晖等，皆系狄公引拔。除以上三位之外，八大臣中还有一位亲李派大臣，就是吉顼。他是酷吏出身，后成为控鹤监官员，此人虽是二张兄弟的下属，但有着极为清晰的政治头脑，在武则天定立太子过程中有拥李抑武之功[1]。

皇位继承人问题是武则天晚年一直犹豫的一件大事。在公元690年改唐为周之后，武则天以李旦为皇嗣，赐姓武氏，虽然一切礼仪比照皇太子，但并未正式册封，这就引起了武则天侄子武承嗣、武三思等的野心。最终武则天还是选择了立子而没有立侄，这既是无奈也是必然。首先从人之常情上讲，子比侄更亲，属于直系血脉，而武承嗣、武三思的父亲不是别人，正是早年欺负杨氏、武则天母女的武元爽、武元庆（见本书附录二），这就使得武则天在先天心理上对这两位侄子持有审慎态度和隔膜感。其次从政治才能上讲，武承嗣、武三思的素质并不比李显、李旦兄弟高到哪里，也未树立起被众人认可的威望和广泛的人缘基础。武则天毕其一生都在努力证明自己统治帝国的才能，她当然不会为了单纯的同姓相传而选择水平一般的武承嗣、武三思做接班人，那样的话恐怕两位亲生儿子在未来该遭遇不测了。最后从朝堂人心上讲，武周朝的统治基本是沿用高宗朝的基础，武则天的很多臣子本来就是唐高宗的臣子，他们作为帝国的精英人才继续

【1】按《旧唐书》记载："初，中宗未立为皇太子时，易之、昌宗尝密问顼自安之策。顼云：'公兄弟承恩既深，非有大功于天下，则不全矣。今天下士庶，咸思李家，庐陵既在房州，相王又在幽闭，主上春秋既高，须有付托。武氏诸王，殊非属意。明公若能从容请建立庐陵及相王，以副生人之望，岂止转祸为福，必长享茅土之重矣！'易之然其言，遂承间奏请。则天知顼首谋，召而问之。顼曰：'庐陵王及相王，皆陛下之子，先帝顾托于陛下，当有主意，唯陛下裁之。'则天意乃定。"参见［后晋］刘昫等撰《旧唐书》卷一百八十六上列传第一百三十六上，中华书局，1975年，第4850页。

服务于武周，那是因为把武则天视作高宗遗孀、中宗睿宗之母，他们接受的其实是武则天的武周，而不是武家人的武周。以武则天的精明不会不明白这些，所以传位儿子，还政李唐，实是大势所趋。

最终，在李昭德、狄仁杰、吉顼等人的劝说下，武则天终于在圣历元年三月（698年4月）召回流放湖北十四年的李显，九月（698年10月）立为太子[1]。次年六月（699年7月），竖立《升仙太子碑》。在《升仙太子碑》竖立前后，又发生了一件大事：

《旧唐书·则天皇后本纪》：

> 秋七月，上以春秋高，虑皇太子、相王与梁王武三思、定王武攸宁等不协，令立誓文于明堂。[2]

《资治通鉴·唐纪二十二》：

> 夏四月……太后春秋高，虑身后太子与诸武不兼容，壬寅命太子、相王、太平公主与武攸暨等为誓文，告天地于明堂，铭之铁券，藏于史馆。[3]

这就是有名的"明堂立誓"事件，是武则天晚年为调和李、武两族矛盾的重要举措。为了表示李武亲善，李显也很配合地将自己的两个女儿永泰郡主和安乐郡主，分别嫁给武承嗣的儿子武延基和武三思的儿子武崇训，缓和了李、武矛盾。关于"明堂立誓"的时间，《旧唐书》所记是圣历二年秋七月（699年8月），而《资治通鉴》所记是夏四月（699年5月），总之是在《升仙太子碑》竖立前后。从时间表来看，从立李显为太子，到武则天拜谒缑山，再到"明堂立誓"

【1】武则天立李显为太子，是因为李显长期远离朝堂，基本上未参与到权力斗争中，以他来平衡李武两家矛盾比较合适。李旦则不然，一直身在中央，时常受到武氏宗亲嫉恨攻击，如果他为太子将来成为皇帝，武氏家族恐怕会遭到严重打击。

【2】参见［后晋］刘昫等撰《旧唐书》卷六本纪第六，中华书局，1975年，第128页。

【3】参见［宋］司马光编著，［元］胡三省音注《资治通鉴》卷二百六唐纪二十二，中华书局，1956年，第6540页。

和《升仙太子碑》的竖立，这些事件的前后不到一年。虽然我们不能证明《升仙太子碑》的竖立与武则天晚年立储之间存在什么直接联系（毕竟纪念升仙太子是公元696年封禅嵩山时就定下来的事），但是可以想见，《升仙太子碑》的竖立在当时应该起到了一种政治信号的效果：通过对早逝太子李弘的隐晦纪念，既表明武周将还政于李唐的走向，又对新太子李显起到一定勉励鞭策的作用。

二、奇怪的中央区域

在《升仙太子碑》的碑阴中央，原本有两竖列文字，如下图中条框指示（见图61），后来这两列文字被人为凿毁，其中右列文字尽毁，左列文字则保留了一长串官衔："敕检校勒碑使、守凤阁舍人、右控鹤内供奉、骑都尉，臣"，引起后人种种猜测。

首先是这两列文字的被凿时间。在《升仙太子碑》的碑阴下方，有一篇刊碑记，记述了唐中宗神龙二年（706）相王李旦率领臣属前来对《升仙太子碑》碑阴的部分文字进行修改，所谓修改，实际就是凿毁。仔细观察拓片，可以清楚地看到这篇刊碑记的右起第十四列起首

图61 《升仙太子碑》碑阴局部拓片

处，"参军事"三字明显压在其上方被凿右列文字之上（见图62），由此来看，右列文字就是在这次神龙二年（706）的相王刊碑中被凿。问题是被凿的是什么字呢？刊碑记中并没有明确说明。

图62　《升仙太子碑》碑阴局部拓片

关于这两列文字的被凿内容，清代金石学者王昶和当代几位学者均提出自己的观点，现列表如下：

	被凿左列内容	被凿右列内容	被凿时间
[清]王昶[1]	薛稷题名	——	——
梁恒堂、梁晋红[2]	张昌宗题名	张易之题名	神龙二年
裴建平、潘二焕[3]	张昌宗题名	张易之题名	神龙二年
唐雯[4]	薛稷题名	仅一"奉"字	神龙二年
孙英刚[5]	张昌宗题名	张易之题名	神龙二年

【1】参见［清］王昶《金石萃编》卷六十三，清嘉庆十年刻同治钱宝传等补修本。
【2】参见梁恒堂、梁晋红《说周唐变革在升仙太子碑上的留痕》，收录于王文超、赵文润主编《武则天与嵩山》，中华书局，2003年。
【3】参见裴建平、潘二焕《〈升仙太子碑〉刊碑考略》，收录于喻清录主编《偃师古都研究文集（一）》，中国文化出版社，2007年。
【4】参见唐雯《女皇的纠结——〈升仙太子碑〉的生成史及其政治内涵重探》，收录于《唐研究》第二十三卷，北京大学出版社，2017年12月。
【5】参见孙英刚《流动的政治景观——〈升仙太子碑〉与武周及中宗朝的洛阳政局》，《人文杂志》，2019年第5期。

五篇论著中，认为两列被凿文字原应为二张兄弟题名的意见占多数，他们提出了相关论据：

梁恒堂、梁晋红《说周唐变革在〈升仙太子碑〉上的留痕》：

> 从残留文字看，左边一行是"敕检校勒碑使，守凤阁舍人、右控鹤内供奉骑都尉臣×××"，下面三个字被凿去了。并排的右边一行全部凿去。我认为此处被凿去的是两个题名人，左边张昌宗，右边张易之及其官衔。查《资治通鉴》，武则天置控鹤府官员，共计七位，……在这些人中，……员半千上书请罢之，……吉顼参加了八位大臣的题名，……李迥秀……田归道……薛稷既是碑阴文字的书丹人……这五人都没有犯罪遭杀的记载。只有张昌宗……只有他们兄弟二人被唐中宗李显定为李唐叛贼杀死。同时他俩又是李显生母武则天的情夫，出于政治原因，李显称帝后必须把他们的名字凿去，否则有辱皇家门风。[1]

裴建平、潘二焕《〈升仙太子碑〉刊碑考略》：

> 从留下的"敕检校勒碑使守凤阁舍人右控鹤内供奉骑都尉臣"的职衔看，说明一定是控鹤府的官员。据《资治通鉴》记载，圣历二年置控鹤府时除张易之为控鹤监外，张昌宗、吉顼、田归道、李迥秀、薛稷、员半千六人均为控鹤监内供奉。而同在碑阴题名为控鹤内供奉的吉顼、薛稷的名字却没有被凿。而员半千以"古无此官，且多所聚轻薄之士，上疏请罢之"，没有当这个官。除此之外，田归道、李迥秀二人，虽分别有免官、遭贬的经历，但均又被中宗所用。这个奉敕的"检校勒碑使"应该就是张昌宗了。右边全部被凿

【1】参见王文超、赵文润主编《武则天与嵩山》，中华书局，2003年，第192页。

去的第九行也只能是当时的控鹤监张易之了。【1】

孙英刚《流动的政治景观——〈升仙太子碑〉与武周及中宗朝的洛阳政局》：

> 但是很明显地，张氏兄弟的名字，出现在诸大臣题名和诸王题名中间，并且与两者都保持一定距离。而且有意思的是，非宗室（包括武氏）诸大臣题名，格式都是写上全名，比如"臣狄仁杰""臣魏元忠"，只有武三思这样的宗室亲王，才作"臣三思"。但是根据残留下来的张昌宗题名，也是仅写"臣昌宗"，而不是写作"臣张昌宗"。这样的表达，或许说明在当时的权势结构中，张氏兄弟跟武则天确实关系密切，获得了公认的类似宗室的地位。……其中一行被整个凿去，下面的一行作："检校勒碑使守凤阁舍人右控鹤内供奉骑都尉臣□□"，仅仅凿去了名字。根据杜佑《通典》卷二五记载"武太后圣历二年正月置控鹤府监一员，从三品；丞一员，从六品；主簿一员，从七品；控鹤左右各二十员，从五品下。以张易之为控鹤监，统左控鹤，出入供奉；以麟台监张昌宗统右控鹤，内供奉"。碑阴题记中的"检校勒碑使守凤阁舍人右控鹤内供奉骑都尉"应该就是张昌宗，在题名中，他自称"臣昌宗"。而另外一个被完全凿去的人名，应该是张易之。【2】

上述学者主要通过左列题名残留下的官称，特别是"右控鹤内供奉"，推定其人为张昌宗，进而推出右列题名为张易之。问题是，

【1】参见喻清录主编《偃师古都研究文集（一）》，中国文化出版社，2007年，第217页。

【2】参见孙英刚《流动的政治景观——〈升仙太子碑〉与武周及中宗朝的洛阳政局》，《人文杂志》，2019年第5期。

左列一串官称中，还有“凤阁舍人”“骑都尉”两官职，是否能对应得上二张兄弟，这是持此观点的学者们没有考证的。笔者查阅两《唐书》《通典》《资治通鉴》等文献，抄二张兄弟的所有官职履历如下：

张昌宗：云麾将军、行左千牛中郎将、银青光禄大夫、左（或右）散骑常侍[1]、麟台监、右控鹤内供奉、司仆卿、邺国公、春官侍郎。

张易之：尚乘奉御、司卫少卿、控鹤监、左控鹤出入供奉、奉宸令、麟台监、恒国公。

图63 《升仙太子碑》碑阴局部

当中并无“凤阁舍人”“骑都尉”，可见左列被凿文字原为张昌宗的结论存疑。

再者，按照字形大小来看，左列被凿处原应为两个字（见图63），王昶的《金石萃编》中亦记载“泐其姓名二字”[2]，时代更早的武亿《偃师金石遗文补录》中，也明确以两个字的空格显示被凿处情况（见图64）。梁恒堂先生的文章中却以三字位置来论述，有失严谨。孙英刚先生似乎注意到了这一点，认为此处是“昌宗”二字，

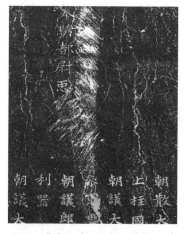

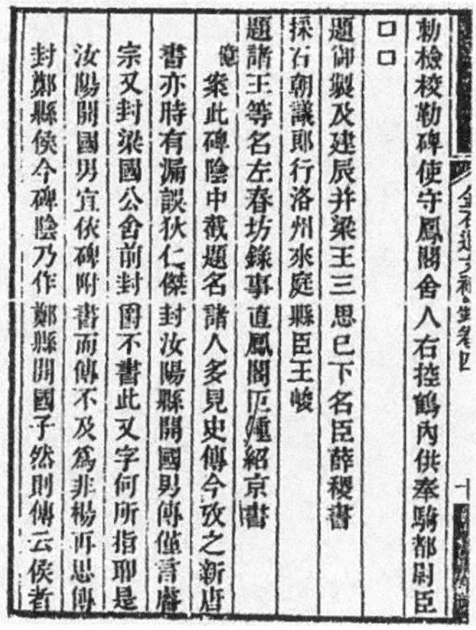

勅檢校勒碑使守鳳閣舍人右控鶴內供奉騎都尉臣
口口
題御製及建辰并梁王三思已下名臣薛稷書
採石朝議郎行洛州來庭縣臣王峻
題諸王等名左春坊錄事直鳳閣臣鍾紹京書
億案此碑陰中載題名諸人多見史傳今攷之新唐
書亦時有漏誤狄仁傑封汝陽縣開國男傳僅言曆
宗又封梁國公舍前封爵不書此又字何所指耶是
汝陽開國男宜依碑附書而傳不及爲非畧而忽傳
封鄭縣侯今碑陰乃作鄭縣開國子然則傳云侯者

图64 武亿《偃师金石遗文补录》记载

【1】《旧唐书》作“右散骑常侍”，《新唐书》作“左散骑常侍”。
【2】参见［清］王昶撰《金石萃编》卷六十三，清嘉庆十年刻同治钱宝传等补修本。

并特别说到了张昌宗兄弟"获得了公认的类似宗室的地位"，可以在题名时不称姓。但事实果真如此吗？笔者观察久视元年（700）的《夏日游石淙诗并序》拓片，十六从臣中只有李显、李旦、武三思三人官衔之后的表述是"臣显""臣旦""臣三思"，从狄仁杰开始就是写全名了。在这块摩崖石刻中，二张兄弟的名字也在后来被凿掉，所幸张易之的题名"奉宸令臣张易之上"中"张"字右半边"长"残留明显（见图65），由此直接证明在二张兄弟身上并不存在不加姓的用法。

图65《夏日游石淙诗并序》局部

此外，笔者通过对拓片上两列文字凿痕的微观观察，发现了两处疑点：（1）为什么右列文字完全被凿掉，左列文字却完整地保留了官称？（2）凿痕的方向也很奇怪，左列最后两个字的凿痕与右列凿痕方向相反，而且明显是叠压在右列凿痕之上。根据右列凿痕可以判断，凿碑人当时是右手执凿具，从左上向右下方向用力，这明显是为了避免左列文字受到破坏。如果是出于某种奇怪的考虑，刻意要保留左列被凿者的官称，那么当右列文字凿到与左列二字人名同一水平线时，此时凿碑人就应该不再顾忌，直接将凿具左移到这个人名处，朝着一个方向直接凿下去，而不是先凿完右列全部文字，再回过头来凿左列姓名二字，并且还是反方向用力。

这两个现象前代学者似乎从未质疑过。因此，笔者结合保留官称和凿痕相反这两个细节，提出了一个猜想：两列题名并不是同一时间被凿，准确地说，神龙二年（706）相王李旦刊碑时凿的是右列题名，左列名字被凿则是再后来的事。右列题名全部被凿，表明对于李唐皇室来说，右列那个人一定是不可饶恕的，应该是二张兄弟之一。至于左列那个人，虽然我们暂且不明白为什么为他留下了完整的官称，但是这个奇怪的现象却能反证这个人一定不是二张中的另一位，否则也应该毫无顾忌地一并凿去。

那么右列题名到底是张昌宗还是张易之，笔者以为更有可能是张昌宗，原因有二。一是根据左列遗留文字的间距对比，笔者推测右列凿痕长度至少是27字的距离。根据两《唐书》《通典》《资治通鉴》等文献，在圣历二年（699）之时，张昌宗所任的官职有银青光禄大夫、左（或右）散骑常侍、麟台监、右控鹤内供奉。张易之所任的官职有司卫少卿、控鹤监、左控鹤出入供奉。其中张昌宗的麟台监一职不见于两《唐书》，仅见于《通典》，即使不包括麟台监，其余官职加起来也有17个字，再加上最后的"臣张昌宗"4字，和类似左列题名中"敕检校勒碑使"的前缀，更容易达到27字左右的长度。而张易之的官职加起来仅为14个字，再加上"臣张易之"和"敕检校勒碑使"之类，也只有24个字。更有可能是张昌宗题名的第二个原因，就是如前所述《旧唐书·张行成传》中"时谀佞者奏云，昌宗是王子晋后身"的记载[1]，按照当时传言，张昌宗更有"资格"出现在《升仙太子碑》上。

最后分析左列被凿人名，上文已经排除张氏兄弟的可能。清代学者王昶较早提出被凿二字应是薛稷。根据前文所引《旧唐书·吉顼传》和《资治通鉴》记载可知，在圣历二年控鹤监设立之初，张易之手下张昌宗、吉顼、田归道、李迥秀、薛稷、员半千等六位内供奉中，只有薛稷是"凤阁舍人"，更重要的一点在于，只有薛稷是诸内

【1】参见［后晋］刘昫等撰《旧唐书》卷七十八列传第二十八，中华书局，1975年，第2706页。

供奉中著名的书法人才。根据《升仙太子碑》碑阴左侧留下来的题记
"题御制及建辰并梁王三思已下名臣薛稷书",可知《升仙太子碑》
的碑阳上、下款,碑阴八大臣题名,包括被凿去的这两列题名,均是
出自其手。薛稷在《升仙太子碑》的竖立过程中,起到了重要作用。
而对于这样一位关键人物,"题御制及建辰并梁王三思已下名臣薛稷
书"中未提及薛稷的任何官衔,岂不怪哉?所以唯一合理的解释就是
碑中央的"检校勒碑使"题名就是给他留的。张昌宗作为他的长官,
名列其右只是起到一种象征性的总领作用,其下必有薛稷这样的专业
人才负责具体工作。

但是薛稷名字被凿这件事并不可能发生在神龙二年(706)相王
李旦刊碑刻石之时,因为薛稷有一个特殊的身份:李旦的亲家。《旧
唐书·薛收传》记载:

> 睿宗在藩,留意于小学,稷于是特见招引,俄又令其子
> 伯阳尚仙源公主。[1]

薛稷与李旦过从甚密,二张兄弟倒台后,"朝官房融、崔神庆、
崔融、李峤、宋之问、杜审言、沈佺期、阎朝隐等皆坐二张窜逐,凡
数十人"[2]。史书上却没有记载薛稷受到任何贬谪外放的处分,当
是与相王李旦的关系起到了作用。笔者以为,即使是薛稷出于面子不
想再与"逆贼"张昌宗并列,要洗刷自己当年在控鹤监侍奉二张的
"耻辱",那作为亲家的李旦该为其做的也应该是调整碑上的官衔
"右控鹤内供奉"6字。名字被拿掉显然意味着对人物整个名誉的否
定,李旦不可能那么做,那么是谁凿的呢?笔者推测有可能是唐玄

【1】参见[后晋]刘昫等撰《旧唐书》卷七十三列传第二十三,中华书局,1975年,
第2591页。

【2】参见[后晋]刘昫等撰《旧唐书》卷七十八列传第二十八,中华书局,1975年,
第2708页。

宗，按《旧唐书·薛收传》记载：

> 及窦怀贞伏诛，稷以知其谋，赐死于万年县狱中。子伯
> 阳，以尚公主拜右千牛卫将军、驸马都尉……及父死，特免
> 坐，左迁晋州员外别驾。寻而配徙岭表，在道自杀。[1]

薛稷其人，出身官宦世家，文艺造诣不凡。但是其官品并不是很好，政治悟性也不是很高。武则天时他在控鹤监供职，服务于二张。后来到了唐睿宗时又进言贬低钟绍京[2]，还与宰相崔日用不合[3]，最后于先天二年（713）参与到太平公主、窦怀贞的谋反中，被唐玄宗李隆基处死。所以碑阴中央的薛稷题名应该是在这个时候被拿下的。不过由于唐玄宗对薛稷并不像其伯（中宗）、父（睿宗）面对张昌宗时那种咬牙切齿，说白了薛稷只是附逆，并不算李隆基的政治对手，更不可能和当年张昌宗的影响相比。所以玄宗也就是把他在碑阴中央的姓名二字凿去了事，没有像其父凿张昌宗名字那样留下一长道难看的凿痕，更没有大张旗鼓地再写个刊碑刻石记纪念一下，毕竟薛稷只是一个小人物。

但是值得注意的是，碑阴左侧的"题御制及建辰并梁王三思已下名臣薛稷书"倒是没有被凿。关于这个细节，笔者以为，碑阴左侧这则题记的字号比碑阴中央的题名字号小，且处于偏僻方位，不似中央题名显眼，应该是当时唐玄宗派遣的凿碑使者疏忽，未注意到。

【1】参见［后晋］刘昫等撰《旧唐书》卷七十三列传第二十三，中华书局，1975年，第2591—2592页。

【2】《旧唐书·薛收传》记载："睿宗以钟绍京为中书令，稷劝令礼让，因入言于帝曰：'绍京素无才望，出自胥吏，虽有功勋，未闻令德。一朝超居元宰，师长百僚，臣恐清浊同贯，失于圣朝具瞻之美。'帝然其言，因绍京表让，遂转为户部尚书。"参见［后晋］刘昫等撰《旧唐书》卷七十三列传第二十三，中华书局，1975年，第2591页。

【3】《旧唐书·崔日用传》记载："（崔日用）为相月余，与中书侍郎薛稷不协，于中书忿竞，由是转雍州长史，停知政事。"参见［后晋］刘昫等撰《旧唐书》卷九十九列传第四十九，中华书局，1975年，第3088页。

所以，碑阴中央左列题名原为薛稷，右列题名应为张昌宗。

复旦大学汉唐文献工作室的唐雯女士在其《女皇的纠结——〈升仙太子碑〉的生成史及其政治内涵重探》一文中，也继承王昶观点，认为左列被凿题名为薛稷。但她提到了一个创新性观点，认为被凿去的右列文字也不是什么张昌宗或张易之，原本应该仅是一个"奉"字。她认为：

> 所谓"敕检校勒碑使守凤阁舍人右控鹤内供奉骑都尉臣□□"不通，前当有"奉"字，同样的用例见于裴光庭碑，其碑末即有"奉敕检校模勒使朝议大夫□□议大夫上柱国□庭诲""奉敕检校树碑使银青光禄大夫使持节解州诸军事解州刺史上缺"两行。……疑此被铲去的一行仅一"奉"字。[1]

唐雯女士认为就碑阴中央遗留下来的左列文字起头"敕检校勒碑使"而言，从语法上说应该是"奉敕检校勒碑使"更为合理，所以右列文字应该原本就是一个"奉"字，按《金石萃编》记载的《裴光庭碑》信息来看应该如此。

笔者不太认可这一观点，原因如下：

1.仔细观察《升仙太子碑》拓片（见图61—图63），明显可以看到右列文字的凿痕长度很长，而且每个字位都被凿痕刻意强调，绝不是原来只有一个字那么简单，否则出现那么长一道凿痕实属吊诡。

2.以"敕检校"开头的官职题名在唐碑中并不罕见。如唐玄宗开元十七年（729）的《大唐龙角山庆唐观纪圣铭》，碑阴随行大臣题名中有"敕检校庆唐观使银青光禄大夫使持节晋州诸军事晋州刺史上柱国晋阳县开国男臣白知慎"（见图66）；天宝十一年（752）的颜

【1】参见唐雯《女皇的纠结——〈升仙太子碑〉的生成史及其政治内涵重探》，收录于《唐研究》第二十三卷，北京大学出版社，2017年12月。

真卿《多宝塔碑》，碑文最后一列有"敕检校塔使正议大夫行内侍赵思侃"（见图67），其前均未有"奉"字。

图66《大唐龙角山庆唐观　　图67《多宝　　图68《裴光庭碑》局部
纪圣铭》碑阴局部　　塔碑》局部

　　3.关于《裴光庭碑》的信息，其实源自王昶《金石萃编》中的误记。《裴光庭碑》现存山西省闻喜县裴柏村裴晋公祠，在2019年年底运城博物馆举办的"石之语——运城碑刻精品拓片展"上，此碑的拓片得以展出，碑文虽已漫漶不清，但还是可以清楚地看到两列题名"敕"字之前均无"奉"字（见图68，条框区域所示），从而得证《金石萃编》记载错误。

三、神秘的左上区域

　　在《升仙太子碑》碑阴的左上方，有一块被磨区域（见图69），这块区域后来是清宣统元年（1909）韩人金秉万、李重翊的题诗（见图97）。但最初是什么内容，又是被谁所磨，后世也众说纷纭。

图69 《升仙太子碑》碑阴左上方被磨区域局部

笔者先将以往学者观点列表如下：

	被磨内容	书者	被磨时间
梁恒堂、梁晋红[1]	"诸王芳名"：改姓武的李氏诸王	钟绍京	神龙二年
裴建平、潘二焕[2]	"诸王芳名"：改姓武的李旦和武氏诸王	钟绍京	神龙二年
唐雯[3]	未曾刻字	—	—
孙英刚[4]	"诸王芳名"：武氏诸王为主，或加上改姓武的李旦	—	神龙二年

【1】参见梁恒堂、梁晋红《说周唐变革在〈升仙太子碑〉上的留痕》，收录于王文超、赵文润主编《武则天与嵩山》，中华书局，2003年。

【2】参见裴建平、潘二焕《〈升仙太子碑〉刊碑考略》，收录于喻清录主编《偃师古都研究文集（一）》，中国文化出版社，2007年。

【3】参见唐雯《女皇的纠结——〈升仙太子碑〉的生成史及其政治内涵重探》，收录于《唐研究》第二十三卷，北京大学出版社，2017年12月。

【4】参见孙英刚《流动的政治景观——〈升仙太子碑〉与武周及中宗朝的洛阳政局》，《人文杂志》，2019年第5期。

诸家观点中，唐雯女士的结论最为特别，其文章中提出碑阴左上方区域"并无唐代写刻痕迹"，应是碑身自然石花所示[1]。笔者在2017年夏天撰写研究初稿时，根据拓片上此区域的颜色和形状判断此处属于被凿。因为人为磨痕非常明显，形成了较为明确的边界线（见图69）。后来听到唐雯女士的研究观点，笔者一度也对这个细节产生了怀疑。于是在2019年的冬天，笔者对《升仙太子碑》进行第三次实地考察，此时碑楼的铁皮门已被拆除，笔者有幸近距离观察并亲手触摸碑身，感觉碑面凹凸状态，确定此区域是经过人为改动无疑，并非石花纹理或自然风化。

其余学者均认为此区域原应为"诸王芳名"。梁恒堂文认为原题名内容是改姓武的李氏诸王，裴建平、孙英刚文中认为是以武氏诸王为主。

梁恒堂、梁晋红《说周唐变革在〈升仙太子碑〉上的留痕》：

> 碑阴左边磨去文字的痕迹明显，约比右边八位大臣题名面积宽十六厘米，可见这里应有十多个人题名，这些就应该是钟绍京所题"诸王芳名"的位置。他们应该是庐陵王太子武显、相王太子右卫率武旦、邵王武重润、平恩王武重福、义兴郡王武重俊、嗣雍王武守礼、衡阳郡王武成义、临淄郡王武隆基、巴陵郡王武隆范、彭城郡王武隆业10人。……当圣历二年六月立碑之时，太子显与太子右卫率旦都在武则天身边，其余诸王也都未出阁。直至圣历二年十月才见有"太子相王诸子复出阁"的记载。……下令把原先碑上赐为武姓的题名全部磨去。[2]

【1】参见唐雯《女皇的纠结——〈升仙太子碑〉的生成史及其政治内涵重探》，收录于《唐研究》第二十三卷，北京大学出版社，2017年12月。

【2】参见王文超、赵文润主编《武则天与嵩山》，中华书局，2003年，第193页。

裴建平、潘二焕《〈升仙太子碑〉刊碑考略》：

> 另一处被凿去的是钟绍京所题的"诸王芳名"。凿痕宽
> 0.48米，从下部参差不齐的凿痕看，共有十位"诸王芳名"
> 的衔名。……那么被凿去的这十位王的"芳名"是谁呢？庐
> 陵王在拜谒升仙太子庙之前的圣历元年（698）的九月，已
> 被立为皇太子，不可能再作为"庐陵王"位列"诸王芳名"
> 之中。而武则天的孙辈诸王尚在幽禁之中，直到圣历二年
> （699）十月，方复出阁。所以他们当时不可能参与到"拜
> 谒"之列，……只有圣历二年正月被封为相王的"武旦"，
> 才有可能题刻于"诸王芳名"之列。余下的九位"王"
> 则可能是武则天的侄儿、侄孙诸王的衔名。……神龙元年
> （705）正月，武则天被迫传位于太子显，……被武则天改
> 姓的李氏子孙复旧姓。……中宗遂下制降诸武，河内王懿宗
> 等十二人皆降为公。……次年……八月，安国相王李旦奉制
> "刊碑"，同月二十七日"刻石"为记。[1]

孙英刚《流动的政治景观——〈升仙太子碑〉与武周及中宗朝的
洛阳政局》：

> 圣历二年跟随武则天上缑山树立升仙太子碑的，必然不
> 是李唐皇室的诸王——他们很多还在外地流放或者处于蛰伏
> 状态。作为"诸王"，是武氏诸王，或者以武氏诸王为主。
>
> 《旧唐书》卷一八三记载："中宗即位……武氏诸王宜
> 削其王位……上答曰：……攸暨、三思皆悉预告凶竖，虽不
> 亲冒白刃，而亦早献丹诚，今若却除旧封，便虑有功难劝。
> 于是降封梁王三思为德静郡王，量减实封二百户，定王、驸

【1】参见喻清录主编《偃师古都研究文集（一）》，中国文化出版社，2007年，第
219页。

马都尉攸暨为乐寿郡王，河内郡王懿宗为耿国公，建昌郡王攸宁为江国公，会稽郡王攸望为邺国公，临川郡王嗣宗为管国公，建安郡王攸宜为息国公，高平郡王重规为郐国公，继魏王延义为魏国公，安平郡王攸绪为巢国公，高阳郡王、驸马都尉崇训为邓国公，淮阳郡王延秀为桓国公，咸安郡王延祚为咸安郡公。"这可能是相王李旦将武氏诸王题名凿去的依据。……

李氏诸王如果圣历二年也跟武则天上缑山，相王李旦仍会将其题记凿去。根据史料明确记载，武则天将李旦改姓"武"，而且名字也改为"轮"。武周时期，皇帝仍姓武，李旦必然仍跟随母姓——这是新王朝的国姓。如果这样的推测成立的话，相王李旦仍会坚决地全部凿去"诸王芳名"。[1]

那么，碑阴左上方被凿区域原来的内容到底是什么呢？

首先我们需要分析一下梁恒堂等学者的"诸王芳名"认识到底从何而来？这一认识其实源自该区域左侧的一列文字"题诸□□名左春坊录事直凤阁臣钟绍京书"（见图70）。

关于钟绍京这则题记的开头几个字，一直有不同的识读，

图70 《升仙太子碑》碑阴局部拓片

【1】参见孙英刚《流动的政治景观——〈升仙太子碑〉与武周及中宗朝的洛阳政局》，《人文杂志》，2019年第5期。

识读不同，意义也就不同。总的来说，有这四种识读：

1. "题诸王等名"，清代学者武亿持此观点；

2. "题诸□等名"，清代学者毕沅、王昶以及当代学者唐雯持此观点；

3. "题诸王芳名"，当代学者梁恒堂、裴建平、孙英刚持此观点。

4. "题诸臣等名"，当代学者宫大中持此观点；2016年中州古籍出版社出版的洛阳师范学院、偃师市文物旅游局所编《武则天〈升仙太子碑〉》中亦持此说。

这五个字中，"题""诸""名"三字确定无疑。关于第四个字，上述四种观点中有三种都认为是"等"。此字下半部分"竖钩"的笔意更明显，而非"弯折钩"，所以不是"芳"字，其实它是"等"字的异体写法，以草字头代替竹字头。最令人生疑的是第三个字，因为已经被毁，所以不知原先是否是"王"字。

今天我们看《升仙太子碑》的碑阴，发现所有"王"字的字口均被人为凿毁。包括梁王武三思名款2处、采石官王晙题名1处以及相王李旦刊碑刻石记名款13处（见图71）。[1] 而钟绍京"题诸□等名"处的漫漶情况亦与其他"王"字处被凿情形无异，所以很多人推测此

---

[1] 按《金史·海陵本纪》记载："（正隆）二年（1157）……二月辛丑，初定太庙时享牲牢礼仪。癸卯，改定亲王以下封爵等第，命置局追取存亡告身，存者二品以上，死者一品，参酌削降。公私文书，但有王爵字者，皆立限毁抹，虽坟墓碑志并发而毁之。"（参见[元]脱脱等撰《金史》卷五本纪第五，中华书局，1975年，第107页。）清代学者武亿据此认为："（升仙太子碑）碑阴诸臣列衔凡'王'字皆镌去，由金海陵改定封爵，置局立限毁抹'王'字，虽坟墓碑志亦所不免。"（参见[清]武亿撰《偃师金石遗闻补录》卷四。）后代学者亦从此说，如清末金石学家叶昌炽（1849—1917）《语石》中记："汉唐以来，石刻有'王'字者其碑幸存，亦多镌毁，此金海陵之虐政也。"（参见叶昌炽撰，柯昌泗评，陈公柔、张明善点校《语石·语石异同评》，中华书局，1994年，第532页。）与《升仙太子碑》中"王"字被凿情况一致的例子，还可见于河南登封少林寺内的《皇唐嵩岳少林寺碑》（唐玄宗开元十六年立），其上"秦王世民""王世充"等用语中的"王"亦被凿。

处原来极有可能是"王"字。

图71 《升仙太子碑》碑阴"王"字被毁情况

因此上述识读中，宫大中先生"题诸臣等名"的识读显然是不对的。因为第三个字如果是"臣"字，也仍然会写为武周新字，这则题记结尾处的"臣钟绍京书"之"臣"（亦为武周新字写法）都没有被凿，那"题诸臣等名"之"臣"怎么会被凿去呢？

通过以上分析，仅剩下"题诸王等名"和"题诸□等名"两种情况。两种识读所表达出来的意义是不同的，如果是"题诸王等名"，则说明碑阴左上方被凿之处原先就是诸王题名（因为碑上的其他区域再找不到什么"诸王"题名），并且是钟绍京所题，这种识读其实在客观上肯定了梁恒堂、裴建平、孙英刚等学者的看法。如果是"题诸□等名"，则说明碑上原先不一定有诸王题名，钟绍京的这则题记所指示的内容也不一定与碑阴左上方被凿区域有关，被凿区域原先的内容应该另有别的解释。笔者接下来对这两种情况分别进行分析。

（一）"题诸王等名"

此说最早由清代学者武亿提出，当代学者梁恒堂、裴建平、孙英刚等人虽误读为"题诸王芳名"，但本质上是与武亿一致，都认为碑阴左上方被凿区域原先为诸王题名。

"诸王"都是谁？梁恒堂的文章中认为是改姓武的李氏诸王，裴建平、孙英刚的文章中认为是改姓武的李旦和武氏诸王。梁文中认为，原来的题名是被武则天改姓"武"的李唐皇室子孙，后来要雪耻，于是唐中宗时李旦奉旨把碑上那些赐为武姓的题名磨去，但是梁文中存在一个严重的逻辑问题：既然"直至圣历二年十月才见有'太子相王诸子复出阁'"被解禁的记载[1]，那么之前六月的立碑活动除太子李显和相王李旦有可能参加，其余李氏子孙怎么会有参与题名的机会！裴文则提出，原来的题名是李旦和其他九位武氏子侄，后来武则天下台，李旦改回李姓，武氏子侄也由王爵降为公爵，所以"诸王题名"这块需要大改动。孙英刚先生在文章中亦持此说，并提到李旦曾被武则天改名"武轮"的问题。

实际在裴、孙二文中，也有许多可商榷之处。首先是唐睿宗李旦的名字问题。按《旧唐书·中宗睿宗本纪》记载：

> 总章二年，徙封冀王。上初名旭轮，至是去"旭"字。上元二年，徙封相王，拜右卫大将军。仪凤三年，迁洛牧；改名旦，徙封豫王。……及革命，改国号为周，降帝为皇嗣，令依旧名轮，徙居东宫，其具仪一比皇太子。圣历元年，中宗自房陵还。帝数称疾不朝，请让位于中宗。则天遂立中宗为皇太子，封帝为相王，又改名旦，授太子右卫率。[2]

所以圣历元年李显被迎回重新立为太子时，"武轮"就改回了"武旦"。

其次，若认为"武"字刺眼所以刊碑雪耻，这种认识也不对。

【1】参见［宋］司马光编著，［元］胡三省音注《资治通鉴》卷二百六唐纪二十二，中华书局，1956年，第6542页。
【2】参见［后晋］刘昫等撰《旧唐书》卷七本纪第七，中华书局，1975年，第151－152页。

正如笔者在前文讨论张昌宗题名的问题时提到，久视元年（700）的《夏日游石淙诗并序》，十六从臣中李显、李旦、武三思三人官衔之后的题名是"臣显""臣旦""臣三思"（见图72），可见当时无论是李氏宗亲还是武氏宗亲，在题名时均不称姓。就《升仙太子碑》而言，我们也看到至今留存的两处武三思题名均直接称"三思"，亦未带姓。因此，笔者以为因为武姓问题而刊碑雪耻，亦无从谈起。

图72　《夏日游石淙诗并序》中的李显、李旦、武三思题名

最后是关于裴、孙二人文中提到的神龙元年（705）唐中宗即位后对武氏宗亲的降爵问题，两位学者认为这一事件也直接影响了神龙二年（706）相王李旦的奉旨刊碑。此一认知虽然在理，但是也存在一处硬伤，那就是作为武氏宗亲头号人物，在降爵事件中首当其冲的武三思，其题名为什么安然无恙？

史书记载，神龙政变之后，敬晖等大臣上奏削降武氏宗亲爵位，唐中宗却讲了这么一段话：

> 周唐革命，盖为从权，子侄封王，国之常典。……昔汉
> 祖以布衣取天下，犹封异姓为王，况朕以累圣开基，岂可削
> 封外族。……然以赏罚之典，经国大纲，攸暨、三思，皆悉
> 预告凶竖，虽不亲冒白刃，而亦早献丹诚，今若却除旧封，
> 便虑有功难劝。[1]

神龙政变的本质是李唐旧臣扶持唐中宗复位的行动，但是在这一事件中，以武三思为首的武氏宗亲似乎并没有进行明显阻挠干预。原因就是神龙政变的另一个目的是清除二张兄弟势力，二张是李、武两家共同的政敌，二张得罪李、武，最晚从长安元年（701）邵王李重润、驸马武延基和永泰郡主李仙蕙的屈死事件就开始了[2]。所以神龙政变之后，武氏宗亲虽然降爵，但武家的势力并没有削弱，反倒被唐中宗认为是李唐复国的功臣：

> 神龙初，（武三思）进拜司空、同中书门下三品，加
> 实封五百户，固辞不受。未几，随例降封为德静郡王，量
> 减实封二百户。寻拜左散骑常侍，则天遗制令复其所减实
> 封。[3]

武三思成了唐中宗朝的权臣，其嚣张气焰比武周时期还要大，他排挤了发动神龙政变的张柬之、崔玄暐等，又与韦皇后、上官昭容

【1】参见［后晋］刘昫等撰《旧唐书》卷一百八十三列传第一百三十三，中华书局，1975年，第4732页。

【2】大足元年（701）邵王李重润（皇太子李显的长子）、驸马武延基（武则天长侄武承嗣的长子）和永泰郡主因为私下议论二张兄弟丑闻而被赐死。（《永泰公主墓志铭》中显示永泰郡主是难产而死，但因与李重润、武延基的死亡日期仅差一天，所以也与此事脱不了干系。）李武两家同时痛失长孙，这也成为后来神龙政变中二张兄弟被诛杀，武则天下台的导火索之一。

【3】参见［后晋］刘昫等撰《旧唐书》卷一百八十三列传第一百三十三，中华书局，1975年，第4735页。

（即上官婉儿）私通（这一点在两《唐书》中均有记载）。到了神龙三年（707），唐中宗的太子李重俊发动政变，诛杀武三思，结果却祸及自身：

> 俄而事变，太子既死。中宗为三思举哀，废朝五日，赠太尉，追封梁王，谥曰宣。安乐公主又以节愍太子（李重俊）首致祭于三思及崇训灵柩前。[1]

笔者以为，唐中宗一朝，武氏宗亲虽然被降爵，但懦弱的唐中宗也只是做做样子，武家的势力并没有减。作为武氏宗亲头号人物的武三思，在《升仙太子碑》中的题名都没有被篡改或者凿去，那么相王李旦还敢动碑上的其他武氏诸王吗？退一步说，即使改动，也应该是调整他们的爵位封号，不可能像对张昌宗那样直接除名。

还有人提出了另外一种可能：或许真的存在"诸王"题名，相王刊碑时也未调整，它们的被凿是发生在金代海陵王毁抹王爵字样之时。笔者以为这种情况也不可能。因为我们看到《升仙太子碑》上其他十余处"王"字被凿处的情况，均仅是"王"字被凿，并不祸及同列官衔人名，包括梁王武三思的两处题名均是如此。反观这数列题名齐刷刷被凿的做法，与碑阴中央右列题名彻底被凿的做法如出一辙，应该就是相王李旦在神龙二年（706）时所为。

要证明碑阴左上被凿区域原先内容并不是"诸王"名，还有一种解决思路，就是把《升仙太子碑》和其他带有诸王题名的唐碑放在一起比对。通过其他碑上诸王题名所在位置，来推定《升仙太子碑》碑阴左上区域作为诸王题名位置的可能性大小。

唐高宗永徽五年（654）所立的《万年宫铭》，碑阴有随行诸王大臣题名（见图73）。在这块碑上，诸王题名和大臣题名混在一起，

【1】参见［后晋］刘昫等撰《旧唐书》卷一百八十三列传第一百三十三，中华书局，1975年，第4736页。

实际是按照官品高低排序，自碑阴右上方开始题写，延至碑阴左下方。宗室诸王因为身份特殊，官位也大都较高，所以题名整体靠前，集中于碑阴右上方。[1]

图73 《万年宫铭》碑阴题名

唐玄宗开元十七年（729）所立的《大唐龙角山庆唐观纪圣

【1】《万年宫铭》碑阴的这种题名形式实际与北魏《吊比干文碑》（原碑早已不存，现碑为北宋重刻）上的情况类似。两块碑上都没有刻意划出一个区域作为诸王题名专区。

铭》，是一块题名秩序感极强的唐碑。碑阴的诸王大臣题名被严格分为四层（见图74）：最上方一层中央仅为皇太子题名；第二层是诸王题名，自右至左依次为皇兄弟、皇子、郡王；第三层是文官题名；最下方一层是立碑官员、内侍和武将题名。从这块碑刻可以看出，宗室诸王的题名被集中于一个区域，与群臣题名划分开来，并且宗室诸王题名区在群臣题名区之上。

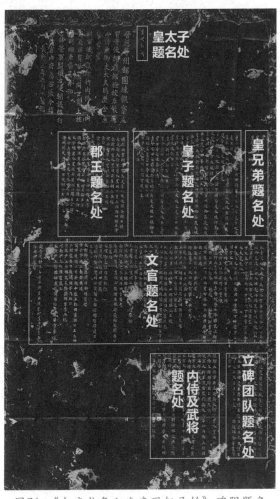

图74 《大唐龙角山庆唐观纪圣铭》碑阴题名

从以上两个例证可以看出，身份越尊贵者，题名位置也越靠近碑阴上方或右上方区域。反观《升仙太子碑》碑阴的情况，我们看到，碑阴右上方最尊贵的题名位置留给了武三思等八大臣，碑阴中央留给了两位立碑使官员，那么左上方是相对次要的位置，显然不太可能是诸王题名处。换句话说，如果碑上必须有诸王题名，那诸王题名的位置也理应在八大臣之右，如按裴建平、孙英刚先生认为的以武氏诸王为主，恐怕更应该如此；如按梁恒堂先生认为的以李氏诸王为主，那么，至少皇太子李显和相王李旦的题名应该位于八大臣之右。因为我们清楚地看到在久视元年（700）的《夏日游石淙诗并序》摩崖上，李显、李旦的唱和诗的位置紧靠着武则天的御诗，接下来才是武三思、狄仁杰、张易之、张昌宗等人。

所以，笔者不认同"题诸王等名"的识读，也不认同碑阴左上方被凿区域原为诸王题名的观点。

（二）"题诸□等名"

此说最早由清代学者毕沅、王昶提出，当代学者唐雯亦持此观点。王昶犯了一个错误，他认为《升仙太子碑》上钟绍京"题诸□等名"题记指示的内容，是碑阴下方的相王李旦刊碑记中的从官豆卢钦望等人。其实这个错误很好辨别。相王李旦刊碑记的时间是唐中宗神龙二年八月（706年10月），此时武周新字早已停用，"题诸□等名左春坊录事直凤阁臣钟绍京书"中的"臣"字还用的是武周新字，这是不可能的。所以钟绍京"题诸□等名"题记当与相王李旦刊碑记无关，那么它又是否指的是碑阴左上方被凿区域呢？也不是。为方便分析，笔者将本书开始给出的《升仙太子碑》碑阴文字分布图进行简化，如下所示（见图75）：

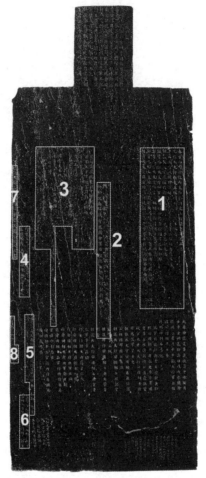

图75 《升仙太子碑》碑阴文字分布

　　钟绍京"题诸□等名左春坊录事直凤阁臣钟绍京书"题记位于图中第7区域，而图中第4区域中有题记"题御制及建辰并梁王三思已下名臣薛稷书"。根据这两则题记与碑阴左上方被凿区域（即图中第3区域）的位置关系判断，左上方被凿区域的内容更有可能是第4区域所示的薛稷所书。所谓"梁王三思已下名"实际就是指碑阴右上方的八大臣题名、碑阴中央的两立碑使题名和碑阴左上方被凿区域的原先题名（即图中的第1、2、3区域）。唐雯女士在其文章中提到：

考虑到此碑每一字的书、刻皆有责任者题名，而造碑使及书字、刻写诸人题名的书刻责任人尚未有归属，疑此三行即记此内容。也就是说，从造碑使以下采石、书、刻诸人题名，由钟绍京书写，某卓及麟台楷书令史臣□伯刻字。[1]

所以，"题诸□等名左春坊录事直凤阁臣钟绍京书"指代的并不是碑阴左上方被凿区域，而是图中的第4至第8区域。也就是说在《升仙太子碑》碑阴上，薛稷书写了诸位大臣的名字，钟绍京书写了包括薛稷在内的所有立碑团队人员的名字，包括：

第4区域（碑阳上下款和碑阴诸大臣名书写者、碑石开采官）：

题御制及建辰并梁王三思已下名，臣薛稷书

采石官、朝议郎、行洛州来庭县尉，臣王晙

第5区域（摹勒武则天御书者）：

承议郎、行左春坊录事、直凤阁，臣钟绍京奉敕勒御书

宣议郎、直司礼寺，臣李元琛勒御书

第6区域（镌刻武则天御字者）：

直营缮监直司，韩神感刻御字

洛州永昌县，臣朱罗门刻御字

第7区域（立碑团队人员名书写者）：

题诸□等名，左春坊录事、直凤阁，臣钟绍京书

第8区域（碑阴文字摹勒者）：

麟台楷书令史，臣□伯□勒字

臣卓勒字

笔者十分认同唐雯女士此论。若顺此思路分析，笔者认为，会不会钟绍京题记的最初真相应该是"题诸工等名"？由于"工"字与"王"

【1】参见唐雯《女皇的纠结——〈升仙太子碑〉的生成史及其政治内涵重探》，收录于《唐研究》第二十三卷，北京大学出版社，2017年12月。

字字形相近，加上碑身在后来风化过程中出现漫漶情况，到了金代海陵王之时，凿碑使者不明就里，把此处误认作"王"字而一并凿去。

钟绍京（659—746）也是唐代的著名书法家，虔州赣（今江西赣州）人。《旧唐书》记载他"初为司农录事，以善书直凤阁。武后时署诸宫殿、明堂及铭九鼎，皆其笔也"[1]。司农录事这个官职在唐代官品中是从九品上，级别已经很低，钟绍京不像薛曜、薛稷兄弟是世家子弟出身，他是凭借一手好字被武则天发现的。按照《旧唐书》里的记载，钟绍京善写宫殿匾额榜书。宋人曾巩称其"字画妍媚，遒劲有法"[2]。从《升仙太子碑》上钟绍京书写的这五段立碑团队题名来看（见图76），不难看出其字形工细，但不失力道。

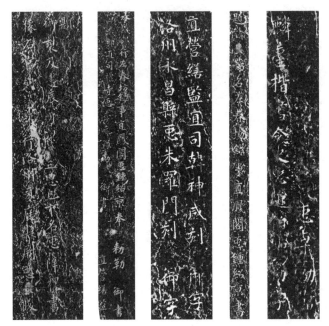

图76 钟绍京书五段立碑团队题名

【1】参见［后晋］刘昫等撰《旧唐书》卷九十七列传第四十七，中华书局，1975年，第3041页。

【2】参见［北宋］曾巩《元丰类稿》卷五十，吉林出版集团有限责任公司，2005年，第449页。

在公元710年李隆基发动唐隆政变诛杀韦后，推其父李旦上台的事件中，钟绍京起到协助作用，还短暂拜相。但也因为"恣情赏罚，甚为时人所恶"[1]，以及出身较低的原因很快被外放。钟绍京在唐睿宗时被薛稷贬低[2]，在唐玄宗时又被姚崇贬低[3]，长期为官在外，晚年回朝，最后以正四品上的太子少詹事之职退休，年80余卒。其书迹罕见，目前可靠作品仅见于《升仙太子碑》碑阴上五段立碑团队题名。[4]

所以，钟绍京"题诸□等名"题记原来可能是"题诸工等名"，指代的是碑阴左侧的五段立碑团队题名，《升仙太子碑》上也许从来就没有什么"诸王"题名。

那么，问题又回到了原点：碑阴左上区域被凿掉的内容究竟是什么呢？

（三）新的推测

首先推测还是官员题名。原因有二，一是从被凿区域磨痕现状来看（如图69所示），原诸列文字起首处齐平，与右上方八大臣题名起首高度亦一致，而下端收尾处则长短参差不齐，这显然是官衔名称长

【1】参见[后晋]刘昫等撰《旧唐书》卷九十七列传第四十七，中华书局，1975年，第3042页。

【2】《旧唐书·薛收传》记载："（薛稷）入言于帝曰：'（薛稷）入言于帝曰：'绍京素无才望，出自胥吏，虽有功勋，未闻令德。一朝超居元宰，师长百僚，臣恐清浊同贯，失于圣朝具瞻之美。'"参见[后晋]刘昫等撰《旧唐书》卷七十三列传第二十三，中华书局，1975年，第2591页。

【3】《旧唐书·钟绍京传》记载："时姚崇素恶绍京之为人，因奏绍京发言怨望，左迁绵州刺史。"参见[后晋]刘昫等撰《旧唐书》卷九十七列传第四十七，中华书局，1975年，第3042页。

【4】今藏于美国纽约大都会艺术博物馆的《灵飞经》传为钟绍京所书，但是元代人观点。元人袁桷（1266—1327）认为："《灵飞六甲经》一卷，唐开元间书。……此卷沉着道正，知非经生辈可到，审定为绍京无疑。"参见[元]袁桷撰《清容居士集》，中华书局，1985年，第791页。

度不一导致的。其次，紧靠被凿区域左侧有"题御制及建辰并梁王三思已下名臣薛稷书"，这条题款提示的信息即碑阴左上方被凿区域和右上方八大臣题名、中央两列被凿题名性质一样，也是官员题名，并且它们都是薛稷所书。

那么，被凿的题名到底是哪些人呢？笔者认为极大的可能性就是张易之、张昌宗兄弟的亲信党羽们，但是具体有谁，只能推测出大致范围，毕竟历史已经无法准确复原：

1.张易之。前文讨论过张昌宗已出现在碑阴中央的立碑使位置，那么碑阴左上方被凿的题名中，就应该有张易之。

2.张易之、张昌宗控制下的控鹤监（奉宸府）和麟台（即秘书省）文人及其他一些依附官员。按照《旧唐书》中所记，二张兄弟倒台后，"朝官房融、崔神庆、崔融、李峤、宋之问、杜审言、沈佺期、阎朝隐等皆坐二张窜逐，凡数十人"[1]。这些人因为是文人，或许会直接参与《升仙太子碑》碑文的撰写润色而名列碑阴；又因为是二张兄弟的党羽，所以要与其主子一并被抹去。

3.张昌期、张昌仪、张同休等，他们作为二张兄弟的亲属，也在京城为官，当时是否受到照顾也能荣幸地题名于碑阴，不得而知。

也只能是这样一种情况，才能解释得通相王李旦为什么在神龙二年（706）时大张旗鼓地"奉制刊碑"并"刻石为记"。如果仅是单单拿下碑阴中央张昌宗一人题名，不必这么劳师动众。所以此次刊碑所针对的对象，也只是已经倒台的张氏势力，与还立于朝堂之上的武氏势力无关。

当然我们也注意到，碑阴之上有两位控鹤监官员并没有被李旦拿掉，一位是在碑阴中央立碑使位置的"右控鹤内供奉"薛稷，另一位

【1】参见［后晋］刘昫等撰《旧唐书》卷七十八列传第二十八，中华书局，1975年，第2708页。

是在碑阴右上方八大臣题名中的"左控鹤内供奉"吉顼。前文已经分析过薛稷与李旦有姻亲关系,所以刊碑时李旦未动其名;吉顼没有被拿掉,原因亦如前文所述,吉在武则天定立太子时有拥李之功。

四、相王刊碑

神龙元年正月二十二日(705年2月21日),宰相张柬之、崔玄暐联合桓彦范、敬晖、袁恕己以及相王李旦发动宫廷政变,诛杀了张昌宗、张易之兄弟,逼迫武则天退位,迎中宗李显复辟,史称"神龙政变"。又因为事后张柬之、崔玄暐、桓彦范、敬晖、袁恕己5人并封郡王,此次政变亦称"五王政变"。关于这场政变的实质,陈寅恪先生在《记唐代之李武韦杨婚姻集团》中有一段评述:

> 虽以狄仁杰之忠义,只可采用温和手段,张柬之等亦只能诬指张易之、昌宗为谋逆,挟持中宗以成事。而中宗后觉其有贪功迫母之嫌,柬之等遂初为功臣后作罪人也。[1]

应该说,张氏兄弟倚仗女皇宠幸,胡作非为之事有之(他们最严重的一个失误,或许就是大足元年(701)促使李重润、武延基、永泰郡主屈死),但不至于谋反。张柬之等大臣却利用了武则天病弱的天时条件和朝堂上下对张氏兄弟不满的人和条件,不失时机地帮助中宗李显抢班夺权。在这场政变中,我们看到的是武氏宗亲势力并没有出面阻挠或者事后反抗,可见李、武两族已达成默契。张柬之等臣子贪图拥立之功,武三思等又何尝不是?武则天真正成了孤家寡人。这场政变的结果是:二张兄弟势力被消灭,武则天黯然退场,中宗李显复位,与相王李旦、太平公主、武三思、张柬之等五王形成了新的

【1】参见陈美延编《陈寅恪集·金明馆丛稿初编》,三联书店,2011年。第282页。

"联合政权"。[1]

武则天于神龙元年正月（705年2月）退位，当年十一月（705年12月）去世。唐中宗李显于神龙二年十月（706年11月）从洛阳还都长安。在神龙二年八月（706年10月），相王李旦奉旨刊碑，对张昌宗等人的题名进行凿磨，并于碑阴下方留下了相王李旦刊碑记以示纪念（见图77）。

图77 《升仙太子碑》碑阴相王李旦刊碑记

大唐神龙贰年，岁次景午水，捌月，壬申金朔，贰拾漆日，戊戌木。开府仪同三司、左千牛卫大将军、上柱国、安国相王旦，奉制刊碑刻石为记。

从官，特进、行尚书左仆射兼检校安国相王府长史、平章军国重事、上柱国、芮国公豆卢钦望

从官，太中大夫、行安国相王府司马护军皇甫忠

【1】史学界对于这场政变还有很多讨论，参见胡戟《酷吏政治与五王政变》（《西北大学学报（哲学社会科学版）》，1983年第3期）；黄永年《历史上的畸形政权——李武政权》（《文史知识》，1993年第5期）；赵强《张易之、张昌宗死因考辨》（《烟台师范学院学报》，1995年第4期）；王兰兰《五王政变名实考》（《唐都学刊》2016年第2期）等文章。

朝散大夫、守安国相王府谘议、上柱国、邢国公王温

朝议大夫、行安国相王府记室参军事丘悦

朝议郎、行安国相王府文学韦利器

朝议大夫、行安国相王府仓曹参军事辛道瑜

行安国相王府属韦慎惑

行安国相王府掾丘知几

行安国相王府典军丘琬

行安国相王府典军卫日新

从安国相王品官、行内侍省奚官局令引叁目

安国相王品官、行内侍省掖庭局令戴思恭

这段题记虽然不算短，但它只记录了相王李旦刊碑时间和12名随行官员题名，并未明确说明刊碑缘由。所以我们不可能准确知晓被凿文字内容。但是正如笔者前文所推理的，相王李旦这次刊碑应该是两处。其一为碑阴中央两列立碑使题名中的右列，被凿内容有可能是张昌宗的题名；其二为碑阴左上方，被凿内容有可能是二张兄弟的亲信党羽。关于相王李旦奉旨刊碑一事，还有一些细节值得分析。首先是刊碑事件出现的背景，其直接目的当然是清算张党，但问题是为什么时间选择在了神龙二年（706）八月这个时候？唐雯女士在其文章中对这个问题曾做出过一些猜测：

> 神龙二年相王李旦奉旨造碑，因无法确知其事由，故而很难揣测中宗为何在此时又关注到此碑。不过值得注意的是，李旦题名的时间是神龙二年八月二十七日，而当年六月，张柬之等五王被贬远州司马。《通鉴》将武三思构陷五王，令其长流并且灭族的时间系于七月三十日之后，那么这一系列事件皆应发生在本年八月。五王中的袁恕己在武后

末年为相王府司马，神龙政变之时曾与李旦一同统率过南衙卫士，故而与相王关系应极为密切。正当五王生死攸关之际，相王却于此时奉敕赴缑山造碑，时间上极为巧合，此番造碑，是否与此有关，史阙有间，无法确指，姑拈出俟考。【1】

唐雯女士将相王李旦的刊碑和张柬之等五王被贬事件进行了联系，指出两件事情在时间上的紧密衔接。若按这一种思路分析下去，似乎可以得出两种推想：（1）李旦凿磨的内容是否涉及被贬黜的张柬之等五王，也就是说《升仙太子碑》上原有的题名是否还包括有张柬之等五王；（2）若张柬之等五王和《升仙太子碑》根本不存在什么关系，那么李旦此时奉旨刊碑是否是有意做政治避嫌，存心不理会五王被贬一事。

首先，通过查阅两《唐书》和《资治通鉴》可知，张柬之等五王走向历史前台是长安元年（701）之后的事情，圣历二年（699）时的他们，一非内阁宰辅，二非控鹤监官员，三非其他张氏党羽，恐怕还没有什么资格参与到御碑题名中去，所以上述第一种推想应该站不住脚。其次，按照《旧唐书》记载，神龙政变后，张柬之等五王从掌权到失权的过程极其迅速，神龙元年（705）正月政变成功之后，五人同时位列宰辅。到了当年四月，五人就被封为郡王，同时罢知政事，明升实降，从宰相的位置上被请了下来。到了神龙二年（706）正月，五王中的敬晖、桓彦范、袁恕己3人又被外放为刺史，直至当年六月，五王一同被夺爵，贬为外州司马。所以说五王的悲剧命运，是从神龙元年春天到神龙二年夏天经历了长达一年多的发酵，对于向来懂得明哲保身的相王李旦来说，恐怕早就有心理准备，借助奉旨刊碑

【1】参见唐雯《〈升仙太子碑〉的生成史及其内涵重探》，《文汇报》，2018年3月30日。

的机会进行政治避嫌，倒显得过于刻意了。

在此有必要细说一下唐中宗神龙年间的政局情况，前文提到唐中宗李显复辟之后，朝堂上的主要势力还有这几方面：（1）张柬之等五王作为政变首要人物，获得宰辅之职；（2）相王李旦和太平公主亦作为政变帮衬者和李唐政权坚定维护者，加号安国相王和镇国太平公主，获得开府治事权力；（3）武三思、武攸暨（也是太平公主的第二任丈夫）等武氏宗亲，作为前朝权贵和新政权下的积极合作者，其势力也并未受到实质性冲击。了解唐史的人们，一般都认为唐中宗昏庸软弱，任由韦皇后、武三思等人跋扈。其实所有的君主从主观内心讲都是不愿受制于他人的，更不会容忍其他势力坐大。唐中宗在复辟伊始，面对这种"联合政权"的局面，内心思考的问题也一定是如何重新进行权力洗牌。对于此时的唐中宗而言，与其说担心武氏宗亲，不如说更忌惮五王和相王李旦的势力。因为革周鼎复唐室是人心所向，武氏宗亲很难再威胁到皇位，反倒是政变首功的五王，虽有拥立之功，会不会亦有再次政变之力？而相王李旦，也曾做过李唐皇帝、武周皇嗣，亦是中宗心中悬着的石头。因此我们也就理解唐中宗为什么会宠信韦皇后、武三思集团，实际是出于对朝堂权力的平衡考虑。

按照《旧唐书》记载，神龙政变后，相王李旦加号安国相王，进拜太尉、同凤阁鸾台三品。仅仅不到一个月，当梁王武三思被授司空、同中书门下三品的时候，李旦就辞去了太尉和宰相这两个职位，可见其对于时政的敏感洞察力。果然到了四月份，张柬之等五人就被封王，从拥有实权的宰相位置上被请了下来。所以与其说是武三思排挤五王，不如说是唐中宗的权谋作用。至于张柬之等五王和相王李旦是否结党，史书中也没有明确证据。五王中的张柬之、崔玄暐在武周晚期就已经做到了宰相，崔玄暐同时还是太子左庶子，而桓彦范和敬晖则是张柬之的旧同僚，这些人都受到狄仁杰的提拔和推荐，当时的太子是李显，恐怕他们更加维护的是李显的利益。五王之中只有袁恕己，在政变前担任相王府司马，政变后又担任相王府长史，与李旦有着比较明确的联系。不过袁恕己在神龙二年（706）正月就已经被外放了，相王刊碑已经到了八月，很难说两人之间还有什么过从来往，所以李旦大可不必为了避嫌而去承接刊碑的任务。

还是回到问题的原点，唐中宗为什么会在神龙二年八月指派相王李旦刊碑？笔者以为，应该还是与李唐皇族为几位宗室平反迁葬有关。

> （神龙元年）夏四月……戊寅，追赠邵王重润为懿德太子。[1]

> 维神龙二年，岁次景午，夏四月，甲戌朔，二十三日景申，懿德太子梓宫启自洛邑，将陪窆陵，礼也。[2]

> 以神龙元年追封为永泰公主。粤二年，岁次景午，五月，癸卯朔，十八日庚申，有制，令所司备礼与故驸马都尉合窆于奉天之北原，陪葬乾陵，礼也。[3]

> （雍王李贤）册赠司徒，仍令陪葬乾陵，以神龙二年七月一日迁窆，礼也。[4]

唐中宗复辟后，立即为冤死于大足元年（701）的一双儿女进行平反追封：邵王重润为懿德太子、永泰郡主李仙蕙为永泰公主。前文提到，这对兄妹的冤死正是由于私下议论二张。到了神龙二年，随着武则天去世，归葬乾陵，这对兄妹也随之陪葬乾陵。紧接着唐中宗又想到其同母次兄李贤，也给予其陪葬乾陵的厚葬[5]，做完这一系

【1】参见［后晋］刘昫等撰《旧唐书》卷九十七列传第四十七，中华书局，1975年，第3042页。

【2】参见［宋］宋敏求《唐大诏令集》，中华书局，2008年，第128页。

【3】参见《大唐故永泰公主志铭》。

【4】参见《大唐故雍王墓志之铭》。

【5】李贤被追封章怀太子则到了景龙四年（710）七月，唐睿宗李旦即位之后。

列事已经到了神龙二年（706）七月。在这种背景下，唐中宗、相王兄弟会不会想起葬在缑氏县的同母长兄李弘，进而想起缑山上那块《升仙太子碑》，忆起当年二张兄弟的胡作非为。要知道神龙元年（705）时武则天还在世，唐中宗自然不便对母亲的御碑动手。此时母亲已逝，诸皇室成员的葬礼已毕，朝堂也将要还都长安，临行之前，中宗和相王兄弟自然会想到这块蕴藏着丰富意义的丰碑。所以笔者以为，李显、李旦兄弟筹划刊碑，实际蕴藏着三点态度：

1.为冤死的懿德太子、永泰公主"报仇"；

2.为母亲武则天洗刷豢养男宠的宫闱丑事；

3.祭奠同母长兄李弘。[1]

在相王李旦的刊碑记中，有12位从官题名，起首一位是宰相兼检校安国相王府长史豆卢钦望（629—709）。豆卢氏最初源于鲜卑族慕容氏，也是北魏至隋唐时期重要的世家。这位豆卢宰相身份特殊、履历丰富，按史书记载，豆卢钦望的祖母是隋观王杨雄的女儿，和武则天的母亲是堂姐妹，所以豆卢钦望算是武则天的表侄。而他的侄女又成了唐睿宗的贵妃，还抚养过玄宗。根据两《唐书》和1995年出土的《豆卢钦望碑》碑文来看，豆卢钦望先后做过四任太子的属官。唐高宗长子李忠为太子时，豆卢钦望以门荫补任太子左千牛备身；李弘为太子时，又任太子右卫率府中郎将等职；到庐陵王李显复立为太子后，又任太子宫尹（太子詹事）；至唐中宗神龙二年（706），已经78岁的豆卢钦望又以尚书左仆射的身份兼任检校安国相王府长史，而相王李旦也曾是太子。其一生可以说对"太子"这个重要而敏感的位置认识深刻，由这样一位太子属官专业户参与《升仙太子碑》的刊改工作，见证《升仙太子碑》的面目变迁，可谓恰遇其人，恰逢其时。

【1】无论"升仙太子"与李弘的关系直接与否，至少《升仙太子碑》地处唐高宗为安葬李弘而特意复置的缑氏县。

在古代，刊碑是一项重要的政治事件，是政治斗争的直接产物，往往是对一个人或一个集团往时名誉的否定。如一代名臣魏徵去世之后，唐太宗因疑心魏徵生前与叛臣侯君集等人结党，并疑其在史官面前沽名钓誉，于是下令放倒魏徵墓前那块曾经亲自书写的御碑，并磨去碑文（见图78）。还有唐宪宗元和时代著名的《平淮西碑》事件：唐宪宗元和十二年（817），宰相裴度平定淮西（今河南省东南部）藩镇吴元济割据。为纪念淮西之役的胜利，唐宪宗下令将原淮西节度使吴少诚的德政碑碑文磨平，命韩愈撰写《平淮西碑》碑文并摹刻上石，但不久后宪宗再度下令磨平此碑，命令段文昌重新撰写碑文。从这样一个来去往复的过程，可窥见唐宪宗时期各派势力的政治角逐。《升仙太子碑》的改刊也是如此，相王李旦带领宰相豆卢钦望等一众随从风尘仆仆登临缑山，并于刊碑之后郑重题名，其实就是在宣示政治斗争的最后胜利方，借助贞石铭刻达到万古留名。

图78 陕西礼泉昭陵《魏徵碑》（1998年由魏氏家族后人出资重新扶起）

　　还有一个问题，就是关于这则刊碑记的书写者问题。刊碑记的首尾均未明确提及书写者是谁，从其中"安国相王旦奉制刊碑刻石为记"一句来看，有人猜测书写者应该是李旦本人[1]。笔者经过考察，认为李旦书写的可能性不是很大。因为刊碑记的主要内容是十二从官的题名，哪有领导一丝不苟地帮助属下登记题名的道理？所以当是朝廷书手所为。此外，就书法风格来讲，我们也可以把这则刊碑记和传为李旦所书的一些作品做出比对，从而进行判断。

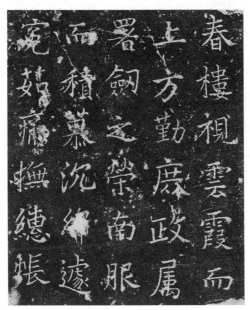

图79《顺陵残碑》拓片局部

　　现存传为李旦所书的楷书作品共有三件。一是武周长安二年（702），武则天为其母杨氏所立的《大周无上孝明高皇后碑》，俗称《顺陵残碑》（见图79），武三思撰文，相王李旦书写，现藏于

<hr />

【1】按《语石》卷八记载："睿宗在潜邸即工书，尝为永兴《庙堂碑》题额、《升仙太子碑》碑阴，与二薛、钟绍京并列，周《顺陵残碑》亦其遗迹。"（参见叶昌炽撰，柯昌泗评，陈公柔、张明善点校《语石·语石异同评》，中华书局，1994年，第468页。）

咸阳博物馆[1]。二是唐睿宗景云二年（711）的《景云钟铭》（见图80），因钟铭中有"朕"字出现，历代学者认为这篇钟铭为李旦御书，现藏于西安碑林博物馆。三是唐玄宗开元十一年（723）所立的《老子孔子颜子御制赞》（见图81），现藏于曲阜汉魏碑刻陈列馆，传为李旦书。恐非。[2]

图80《景云钟铭》
拓片局部

图81《老子孔子颜子御
制赞》拓片局部

以上三件作品中，《景云钟铭》由于是铸造，字形难免走样；《老子孔子颜子御制赞》疑问较大，所以《顺陵残碑》是李旦书法的可靠作品。但总体来看，这三件作品的风格又有一定共性：字形纤瘦，字势秀气飘逸，细节处常带有圆转弧线用笔。反观《升仙太子碑》上的相王刊碑记（见图82），其用笔相对肥胖，字势朴拙，细节上也没有太多的造作处理。

【1】此碑毁于明代嘉靖年间的大地震，清代其残块又曾被挪用修筑河堤，时至今日，文物部门共收集到残石九块，它们被镶嵌在咸阳博物馆的后院廊壁上。
【2】此碑原本为老子、孔子、颜回三者的御制赞文，《老子赞》和《孔子赞》为唐睿宗所作，《颜回赞》为唐玄宗所作。由于残损严重，目前仅可见《孔子赞》与《颜回赞》部分，由于两部分书迹一致，显然不可能是睿宗李旦所写，理应为唐玄宗时的书家所写。

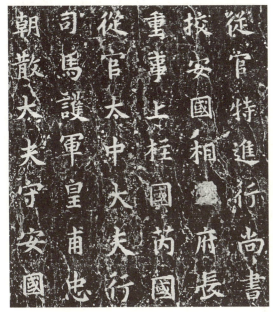

图82 《相王李旦刊碑记》局部

从公元690年到公元712年，短短22年的时间里，唐帝国中央发生了五次政变革命。依次是：载初二年九月（690年10月）武则天建周称帝；神龙元年正月（705年2月）张柬之等发动政变，诛杀二张集团，李唐复国；神龙三年七月（707年8月），唐中宗的太子李重俊发动政变，诛杀武三思集团；唐隆元年六月（710年7月），临淄王李隆基发动政变，诛杀韦后集团；先天二年七月（713年8月），唐玄宗发动政变，诛杀太平公主集团。这22年的时间可谓波云诡谲，惊心动魄。相王李旦位居高位却谨小慎微，审时度势，三辞皇位，政治素养极高。就连史学大家司马光也难得感叹："相王宽厚恭谨，安恬好让，故经武、韦之世，竟免于难。"[1] 相比之下，如二张兄弟、张

【1】参见［宋］司马光编著，［元］胡三省音注《资治通鉴》卷二百五唐纪二十一，中华书局，1956年，第6614页。

柬之、武三思、韦后、太平公主等人的政治素养就相形见绌，最后不得善终。

另外，从这一时期发生的各种政治动乱来看，可以说武则天"改唐为周"的惊天之举确实起到了很不好的影响。给子孙带来了麻烦，导致后武则天时代（705—713）皇位继承的混乱和女性权贵争夺权力的现象愈演愈烈。而《升仙太子碑》也正是在这一时段内完成了它自身的演绎，可以说《升仙太子碑》是武周晚期到后武则天时代历史的一个缩影，一个化石。

第九章　后世变迁

一、从宫廷信仰到文人遐想

从高宗朝《册谥孝敬皇帝文》中首次以早逝的太子类比王子晋故事，到武则天册封升仙太子建庙立碑，加之张昌宗等的生动演绎，升仙太子逐渐成为一种宫廷文化信仰在皇族贵戚中流行。著名考古学家宿白（1922—2018）先生在其文章中提到："云鹤入画，盛于七、八世纪之际的武则天晚期和中、睿宗之世。当时薛稷画鹤，时号一绝。"【1】薛稷画鹤，自然离不开在控鹤监的工作经历影响，选择鹤作为宫廷绘画题材甚至是墓葬壁画装饰（见图83），也应与王子晋乘白鹤升仙的故事有着直接关联（当然本质原因在于鹤一直是作为道家升仙文化的重要意象）。

中国人民大学历史系的王静女士在其《节愍太子墓〈升仙太子图〉考——兼论薛稷画鹤的

图83 陕西富平 唐李道坚壁画墓 白鹤形象

【1】参见宿白《西安地区唐墓壁画的布局和内容》，《考古学报》，1982年第2期。

时代背景》一文中，把唐代节愍太子李重俊墓壁画中的仙人御鹤形象（见图84）辨认为升仙太子王子晋，并联系沈佺期《节愍太子谥册文》中"三年遂远，上宾之驭不留"[1]的文字，印证了节愍太子与王子晋的类比关系。此外，王静女士还在其文中提到三则材料，说明王子晋信仰在唐朝皇室成员中的影响[2]，笔者转引如下：

图84 懿德太子墓仙人御鹤形象壁画线图

沈佺期《章怀太子良娣张氏册文》：

恩绝宾帝，七日无归。[3]

沈佺期《章怀太子靖妃挽辞》：形将鸾镜隐，魂伴凤笙游。[4]

张说《节愍太子妃杨氏墓志》：岂止言违斗水，神往邙山；七日之望不归，千秋之言何及？……何必鼓吹，山上遥

【1】参见［唐］沈佺期、宋之问撰，陶敏、易淑琼校注《沈佺期宋之问集校注》，中华书局，2001年，第298页。

【2】参见王静《节愍太子墓〈升仙太子图〉考——兼论薛稷画鹤的时代背景》，《北京大学学报（哲学社会科学版）》，2007年第4期。

【3】参见［唐］沈佺期、宋之问撰，陶敏、易淑琼校注《沈佺期宋之问集校注》，中华书局，2001年，第306页。

【4】参见［唐］沈佺期、宋之问撰，陶敏、易淑琼校注《沈佺期宋之问集校注》，中华书局，2001年，第182页。

传慈母之名，石阙庙中独立少姨之像。[1]

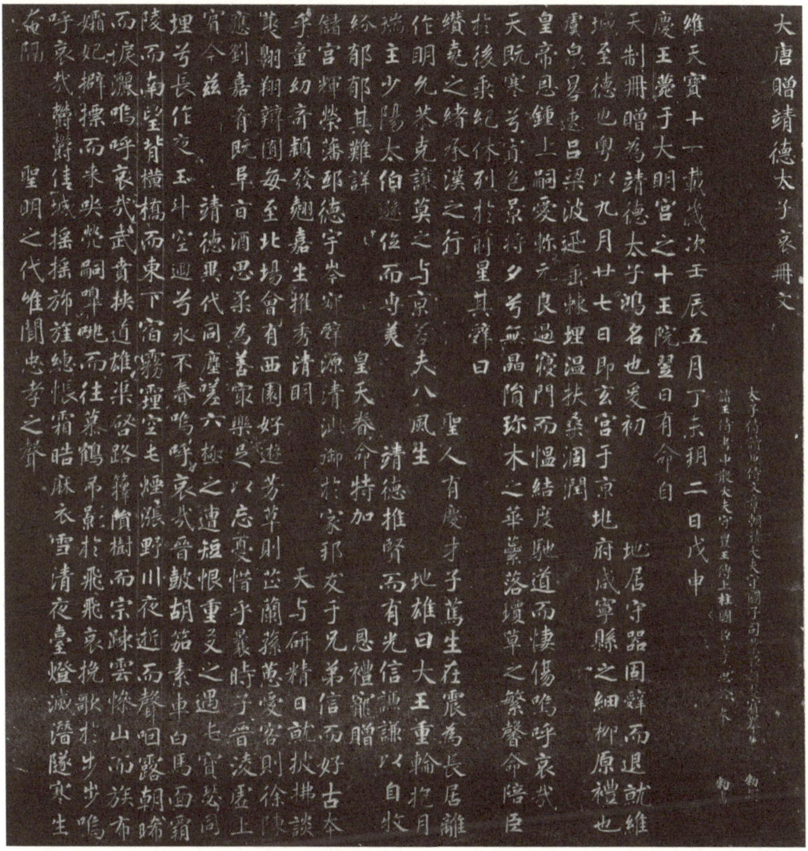

图85　《靖德太子哀册文》

除此之外，笔者在查阅唐代宗室墓铭册文过程中，发现有关王子晋的典故屡见不鲜，例如：

李峤《懿德太子哀册文》：访来人兮伤对日，瞻去鹤兮感升天。[2]

卢粲《章怀太子并妃清河房氏墓志铭》：属笙歌，上宾

【1】参见［宋］李昉等编《文苑英华》卷九六四，中华书局，1966年，第5071页。

【2】参见［宋］宋敏求《唐大诏令集》，中华书局，2008年，第128页。

宸，宫虚位。【1】

赵楚宾《靖德太子哀册文》（见图85）：惜乎曩时，子晋凌虚上宾。【2】

王起《庄恪太子哀册文》：税驾乘华兮，即宫夜台；凤笙长绝兮，蜃辂徐来。【3】

然而在这些对逝去太子（或是皇子逝后追封为太子）驾鹤升仙的美好祈愿背后，折射出的却是一次又一次宫廷斗争的刀光剑影。我们也很容易发现，上述册文的作者中，沈佺期、张说、李峤等人原先正是供职于二张兄弟手下，他们对武则天、司马承祯、张昌宗演绎出来的这一套升仙太子的故事如数家珍。同时也正是通过他们的附会吟颂，升仙太子的典故影响了中、睿宗之后的唐代宫廷文学，并传播于后世。

武则天之后，升仙太子庙成为李唐皇帝的炼丹场所。在今天河南登封嵩阳书院的大门西侧，竖立着一块《大唐嵩阳观纪圣德感应颂碑》（见图86）。唐玄宗天宝年间立，高9米，李林甫撰文，徐浩八分书。这块碑上就记录了道士孙太冲在嵩山嵩阳观为唐玄宗炼仙丹未成，转到升仙太子庙最后炼制成功的事：

克日聚观，开封发印，余烬未灭，还丹赫然，则已六转矣。明年，移药于缑氏山升仙太子庙，其役制之功，神异之效，又如初焉。【4】

此事无疑为缑山和升仙太子信仰又加重了一层神奇色彩。此外，在南宋郑樵《通志》和佚名《宝刻类编》中，记载徐浩也曾写过《升仙太子碑》，在洛阳，已佚。

【1】参见刘向阳《唐章怀太子李贤两合墓志及有关问题》，《碑林集刊（五）》，1999 年 8 月。

【2】参见《大唐靖德太子哀册文》，西安大唐西市博物馆藏。

【3】参见［宋］宋敏求《唐大诏令集》，中华书局，2008 年，第 132 页。

【4】参见［清］董诰等编《全唐文》，中华书局，1983 年，第 3507 页。

图86 河南登封嵩阳书院《大唐嵩阳观纪圣德感应颂碑》

正是从武则天兴修升仙太子庙开始，历代的文人学士都来到缑山游庙访碑并留下诗文，缑山通过王子晋的典故和武则天的宣传，俨然成为一个文化圣地。特别是在中晚唐之后，"缑山夜月"的意象开始频繁地出现在文人们的诗作中，如白居易《王子晋庙》：

　　子晋庙前山月明，人闻往往夜吹笙。鸾吟凤唱听无拍，
多似霓裳散序声。【1】

应该说，夜月意象的出现，既是文人笔下对缑山意境的美好营造，又表明从中晚唐开始，升仙太子庙或从御庙地位转型为文旅景观，供文人士大夫游历甚至可以临时借宿。在明代弘治十七年（1504）的《偃师县志》中，"缑山夜月"被列入偃师八景之中。

在历代浩瀚的诗文记载中，明确显示来过缑山的名人，唐代有宋之问、岑参、武元衡、白居易；宋代有欧阳修、司马光、李格非、苏

【1】[唐]白居易著,谢思炜校注《白居易诗集校注》,中华书局,2017年,第2191页。

辙；金代有元好问；明代有王铎；清代有王士禛、乾隆皇帝，等等。
他们或因居处之近，或因公务之就，或因闲暇之游，吟诗赋文。而这
种闻名，终归因于缑山地处中原，西通河洛，东临嵩岳，是为东西交
通间必经之地，且山小易至、故事传奇，终为世人所传颂。南宋陆游
在其《狂吟》一诗中说：

> 浮世何须宇宙名，一狂自足了平生。秋风湘浦纫兰佩，
> 夜月缑山听玉笙。[1]

陆游是没到过北方的，但是王子晋的故事成了文人心目中永恒的
遐想。

图87 唐 王子乔吹笙引凤铜镜 中国国家博物馆藏

二、升仙太子庙的历次重修

查阅明清偃师县志及相关文献，可知升仙太子庙在武则天兴修之

【1】参见 [宋] 陆游著，钱仲联校注《剑南诗稿校注（三）》，上海古籍出版社，1985年，
第988页。

后，至少经历过五次比较重要的翻建重修。

第一次发生在中唐。在清代武亿《偃师金石遗文补录》中记载："重修升仙太子庙碑，佚。《金石考》：太和四年重修碑，行书。"【1】由此说明在唐文宗大和四年（830）时有一次对升仙太子庙的重修。今天在《升仙太子碑》碑阴下方有一个"京兆韦庇"的题名，韦庇其人在两《唐书》等正史中均无记载，仅在中唐散文家皇甫湜（约777—835）的《皇甫持正集》中有出现：

> 京兆韦庇为殿中侍御史、河南府司录，以直裁听，群细
> 人增构之，责橡南康，移治秭江。【2】

韦庇是京兆韦氏家族子弟，被小人构陷而贬官外放。从皇甫湜的生卒年岁判断，韦庇应该就是在大和四年升仙太子庙的这次重修过程中，于《升仙太子碑》上留下了题记。更有力的证据在于，大和四年时的河南尹正是出身于京兆韦氏的韦弘景（766—831）【3】。笔者推测，韦庇很可能就是韦弘景的子侄近亲，在韦弘景属下任河南府司录，大和四年的升仙太子庙重修就是由他们主持的。

唐僖宗乾符四年闰二月（877年3月），宰相郑畋（825—883）拜谒升仙太子庙，并于缑山下留下诗碑，其中有这样的诗句："几曾期七日，无复降重霄。嵩岭缅天汉，伊澜入海潮。何由得真诀，使我佩环飘。"【4】郑畋出身荥阳郑氏，时值牛李党争后期。《旧唐书·郑畋传》中载："（宣宗）大中朝，白敏中、令狐绹相继秉政十余年，

【1】参见［清］武亿撰《偃师金石遗文补录》卷六，清嘉庆二年刻本。

【2】参见［唐］皇甫湜撰《皇甫持正集》卷五，四部丛刊景宋本。

【3】《旧唐书·敬宗文宗本纪》记载："（大和四年）十二月……戊辰，以太子宾客分司白居易为河南尹，以代韦弘景。"从而知道大和四年时的河南尹就是韦弘景，在十二月时由白居易接任。参见［后晋］刘昫等撰《旧唐书》卷十七下本纪第十七下，中华书局，1975年，第540页。

【4】参见［清］孙星衍、汤毓倬原纂，偃师市志编纂委员会点校《偃师县志》，中州古籍出版社，2002年，第419页。该诗碑为正书，清代时还在，后佚失。

素与德裕相恶，凡德裕亲旧多废斥之，畋久不偕于士伍。"【1】而到了乾符四年，郑畋获得了唐僖宗的青睐，在这一年里，他陆续被进加中书侍郎，转门下侍郎，兼礼部尚书、集贤殿大学士，位列宰相。所以"何由得真诀，使我佩环飘"正展现出郑畋对新一年度官运亨通的兴奋之情。

第二次对升仙太子庙的修缮发生在晚唐时期。据乾隆五十四年《偃师县志》记载，唐昭宗乾宁四年正月（897年2月），有"唐升仙庙兴功记，八分书，在县南缑山下仙君观，尚书礼部郎中赐绯鱼袋李绰撰"。【2】清人武亿根据碑文内容考证这次修缮是由晚唐时的河南尹张全义（852—926）之弟张全武出资修缮。张氏兄弟本为田农出身，参与过黄巢起义，后来降唐并进入五代。但与晚唐其他军阀不同的是，张全义善抚军民，去除苛税苛法，在担任河南尹期间致力于恢复洛阳的民生经济，政绩卓著，卒后也葬在了偃师。

第三次重修是在北宋，这次修缮是由宋仁宗天圣四年（1026）的西京留司御史台赵世长倡议，明道二年六月（1033年5月）完工。当时立有《圣宋西京永安县缑山通天观重修升仙太子大殿记碑》，谢绛文，僧智成正书，王顾篆额。此碑立于缑山《升仙太子碑》西侧，至今仍在（见图88）。北宋时为管理宋室帝陵，划巩县和偃师部分地区设立永安县，碑题中"通天观"是升仙太子庙在唐末至北宋时期的名称。此次修缮的倡建人赵世长是北宋宗室，宋太祖赵匡胤的玄孙，赵德昭之后在此重修，碑文中有介绍："今西都分宪赵公，以祠部郎中治园邑也。""中奉大夫太常寺少卿权西京留司御史台上柱国天水县

【1】参见［后晋］刘昫等撰《旧唐书》卷一百七十八列传第一百二十八，中华书局，1975年，第4630页。

【2】参见［清］孙星衍、汤毓倬原纂，偃师市志编纂委员会点校《偃师县志》，中州古籍出版社，2002年，第418页。此碑已佚失。

开国男食邑三百户赐紫金鱼袋赵世长建。"北宋宋庠[1]《元宪集》中记赵世长为"祠部郎中知河南府陵台令兼永安县"[2]。陵台令是管理皇家陵园的职位，一般宗室担任。此《重修升仙太子大殿记碑》的撰文者谢绛（994—1039）是当时的河南府同判[3]，他的女儿后来嫁给了王安石之弟王安礼。

图88　《圣宋西京永安县缑山通天观重修升仙太子大殿记碑》
（左侧小碑）与《升仙太子碑》的相对位置

在宋哲宗、徽宗两朝，有数位官员文人到此游访，并在这块宋碑上留下题记。据武亿《偃师金石遗文补录》记载，此碑的西侧有元祐庚午（1090）知县苏授之题名："武功苏授之知永安县，弟世美自颍川随牒入洛，同游二室，元祐庚午仲秋己亥恭谒祠下。"[4]东侧有绍圣元年（1094）李格非题名："济南李格非同佺述谒祠下，

【1】宋庠（996—1066），官员，为北宋文学家、史学家宋祁之兄。

【2】参见［宋］宋庠撰《元宪集》卷二十八，清武英殿聚珍版丛书本。

【3】即通判。按陈垣《史讳举例》卷五中记："同判者，通判也。天圣初，章献刘太后临朝，避其父讳，凡官名地名通字皆易之，后崩即复旧。"

【4】参见［清］武亿撰《偃师金石遗文补录》卷十，清嘉庆二年刻本。苏授之其人在史书中情况不详。

绍圣元年八月十一日。"[1]元符庚辰（1100）王巩题名："邑簿王巩、尉王直，元符庚辰岁七月恭谒升天祠下"[2]。碑阴有重和己亥（1119）张宗吴、卢功裔题名。在黄易的《嵩洛访碑图册》中亦记碑侧有"济南李格非及王巩等题名十一段"。而今除碑阴张宗吴、卢功裔题名尚清晰可辨之外（见图89），其他碑阴、碑侧题记已漫漶风化（见图90）。

张宗吴、卢功裔二人在史书中生平不详，清代孙星衍的《寰宇访碑录》中记载卢功裔是永定陵都监，属守皇陵官员。除了宋碑碑阴的重和己亥题记之外，武亿还提到卢功裔题有宣和二年（1120）新升仙祠石碣："永定陵都监卢功裔重新缑山仙祠，钜宋宣和庚子岁重阳记，凡二十四大字，颇似山谷老人用笔。"[3]孙星衍亦提到："升仙太子碑侧卢功裔题名，正书，宣和四年正月。"[4]这是《升仙太子碑》唯一见著于文献的碑侧题记记载，可惜也已经看不到。此处需要指出的是，清人黄易《嵩洛访碑图册》之《缑山》图旁题跋中所述："升仙太子碑石材坚大，今尚完好，侧刻宣和二年卢功裔题名。……山门外宣和四年卢功裔题记，大书绝似东坡也。"[5]这是黄易的误记，黄易在写题跋时记混了卢功裔两次题名的时间、位置。

【1】参见［清］武亿撰《偃师金石遗文补录》卷十，清嘉庆二年刻本。苏授之其人在史书中情况不详。李格非（约1045—约1105），字文叔，李清照之父。当时李格非因于宰相章惇不合，被外放为河北广信军通判。

【2】参见［清］武亿撰《偃师金石遗文补录》卷十，清嘉庆二年刻本。苏授之其人在史书中情况不详。王巩（约1048—约1117），字定国，苏轼好友。元符庚辰即元符三年，这一年王巩从外任调回河南。

【3】参见［清］孙星衍、汤毓倬原纂，偃师市志编纂委员会点校《偃师县志》，中州古籍出版社，2002年，第441页。此碑已佚失。

【4】参见［清］孙星衍撰《寰宇访碑录》卷八，清嘉庆七年刻本。

【5】参见［清］黄易《嵩洛访碑图册》，北京故宫博物院藏。

图89 宋碑碑阴张宗吴、卢功裔题名

图90 宋碑碑侧现状

图91 《升仙太子碑》碑阴邓洵武题记

　　《升仙太子碑》碑身之上的宋人题记，我们至今还能看到的是碑阴下方政和元年二月（1111年4月）的邓洵武题记："政和元年二月廿九日，西京留守邓洵武，率僚属恭谒王子乔祠，男雍侍行。"（见图91）邓洵武（1057—1121），成都双流人。此人正是南宋画史著作《画继》作者邓椿的祖父，而题记中的"男雍"正是邓椿的父亲邓雍[1]。

　　第四次对升仙太子庙的营建发生在元代。元世祖至元十五年二月（1278年3月），真大道[2]"先天宫"在缑山南麓落成，并立《先天宫记碑》纪念。杜成宽撰文，张瑜书并篆额（见图92）。从其碑文内容看，先天宫观名是元世祖忽必烈敕封，但这个道观纯属真大道道场，和王子晋的故事已然没有多大关系了。

图92 元《先天宫记碑》

【1】参见曾超《白鹤梁题名人邓椿交际考》，《重庆三峡学院学报》，2015年第4期。
【2】真大道，宋末金初中国北方兴起的道派，元朝中叶并入全真教。

明清时期，随着国家经济重心的南移，中原地区衰落，升仙太子庙的修缮与保护多由当地乡绅民众维持。康熙年间河南沁阳人钟国士隐居于缑山之下，于康熙二十年（1681）冬在《升仙太子碑》碑阴下方题刻五言、七言诗各一首（见图93）：

　　缑山社集

　　子晋飞升处，古今人尽传。群峰拱四壁，一岭主中天。笙鹤仙踪杳，诗书静习偏。得闻如我辈，日上弄云烟。

　　康熙辛酉冬日，钟国士题。

　　登缑岭

　　地以人称自古然，缑山指大列中天。不因修道王乔后，谁识孤峰海内传。

　　河内流寓钟国士，辛酉冬日题。

图93　《升仙太子碑》碑阴钟国士题诗

乾隆十五年八月（1750年9月），"上奉皇太后率皇后谒陵，并巡幸嵩、洛"[1]。升仙太子庙作为缑山行宫，迎来了最后一次比较

【1】参见赵尔巽等撰《清史稿》卷十一本纪十一，中华书局，1977年，第408页。

重要的营建（见图94）。乾隆帝于九月三十日驻跸缑山，并留下了御
碑诗文《登缑山极目》：

> 缑岭茏苁嵩岳连，传闻子晋此升仙。割来太室三分秀，
> 望去清伊一带绵。欢豫民情他阆苑，菁芊麦色我芝田。孜孜
> 求治犹多愧，无暇重翻道学篇。

此碑今在《升仙太子碑》东北侧（见图95）。

图94 乾隆五十四年《偃师县志》中的《缑山行宫图》

图95 乾隆御碑与《升仙太子碑》的相对位置

　　清同治年间（1862—1875），缑山道观成为书院，迟至民国时期，缑山上的清代建筑还在。偃师画家武力征（1926—2017）有一幅《缑山升仙观图》（见图96）生动地描绘了民国时期的缑山山顶景观：前院是乡公所，后院是缑山小学。据裴建平先生讲述，缑山山顶建筑被毁的时间是抗战结束前夕，武力征《缑山升仙观图》题跋中提到具体时间是1944年。而缑山南麓的古建筑，在20世纪初由清末偃师革命党人杨勉斋（1886—1912）在此创办偃师缑阳警务学堂（1908）。正是在这一时间段，朝鲜革命仁人金秉万[1]、李重翊来到中国河南，二人于宣统元年九月（1909年10月—11月）在《升仙太子碑》碑阴左上方被凿处，留下了最后的题记（见图97）：

　　　　黄河嵩岳抱萦回，中有缑山远客来。王子不还笙鹤断，
　　夕阳呵笔下荒台。

　　　　宣统元年菊月。

　　　　韩人正三品通政大夫内阁前秘书监丞金秉万。

　　　　周灵王子此升仙，驾鹤清箫忆往年。多少古人记述石，
　　龟头苔藓暗如烟。

　　　　韩人正三品通政大夫前参奉李重翊。

　　正可谓：王子已去，革命到来；革命已去，斯人已仙。

【1】金秉万，字宜桥，李氏朝鲜官员，后为躲避日本殖民者的迫害，于1907年来到中国河南，与张钫、于右任、杨源懋等革命党人有过交往。参见裴建平、潘二焕《〈升仙太子碑〉刊碑考略》，收录于喻清录主编《偃师古都研究文集（一）》，中国文化出版社，2007年。

图96 武力征
《缑山升仙观图》

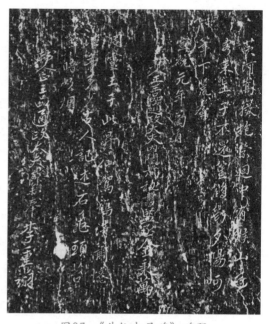

图97 《升仙太子碑》碑阴
金秉万、李重翊题诗

　　《升仙太子碑》自公元699年竖立，至今已过去1300多年。一个传说从误会到被信以为真，一个故事从朴素到被过分解读，一块石碑从崭新到被多次凿刻，一个信仰从树立到被多人演绎。缑山周围的景物已然数度变迁，山巅上的石碑却依旧风雨不变。也许它是孤独的，渐渐被世人遗忘，也许它又是幸运的，历经千年不倒，仍然注视着世人。当访碑人驻足碑前，心中想到的也许不是武则天的卓殊，也不是王子晋的升仙，而是一种内心的感染，感慨人世间的沧海桑田。

参考文献

古籍

[1] 杨伯峻.孟子译注[M].北京:中华书局,1962.

[2] 上海师范大学古籍整理组.国语[M].上海:上海古籍出版社,1978.

[3] 黄怀信,张懋镕,田旭东.逸周书汇校集注（修订本）[M].黄怀信,修订.李学勤,审定.上海:上海古籍出版社,2007.

[4] [汉]刘安,等.淮南子[M].[汉]高诱,注.上海:上海古籍出版社,1989.

[5] [汉]司马迁.史记[M].北京:中华书局,1959.

[6] [汉]王逸.楚辞章句[M].黄灵庚,点校.上海:上海古籍出版社,2017.

[7] [汉]王符.潜夫论全译[M].张觉,译注.贵阳:贵州人民出版社,1999.

[8] [汉]应劭.风俗通义校注[M].王利器,校注.北京:中华书局,1981.

[9] 王叔岷.列仙传校笺[M].北京:中华书局,2007.

[10] 邓安生.蔡邕集编年校注[M].石家庄:河北教育出版社,2002.

[11] 王明.抱朴子内篇校释（增订本）[M].北京:中华书局,1986.

[12] [北魏]郦道元.水经注[M].陈桥驿,校证.北京:中华书局,2013.

[13] [南朝梁]萧统,[唐]李善.昭明文选[M].韩放主,校点.北京:京华出

版社,2000.

[14] 徐鹏.陈子昂集[M].北京:中华书局,1960.

[15] [唐]沈佺期,宋之问.沈佺期宋之问集校注[M].陶敏,易淑琼,校注.北京:中华书局,2001.

[16] [唐]张彦远.法书要录[M].范祥雍,点校.北京:人民美术出版社,1984.

[17] [唐]张彦远.历代名画记[M].俞剑华,注释.上海:上海人民美术出版社,1964.

[18] [后晋]刘昫,等.旧唐书[M].北京:中华书局,1975.

[19] [后晋]刘昫,等.旧唐书[M].北京:中华书局,2019.

[20] [宋]王溥.唐会要[M].北京:中华书局,1955.

[21] [宋]欧阳修,宋祁.新唐书[M].北京:中华书局,1975.

[22] [宋]司马光,[元]胡三省.资治通鉴[M].北京:中华书局,1956.

[23] [宋]宋敏求.唐大诏令集[M].北京:中华书局,2008.

[24] [宋]赵明诚.宋本金石录[M].金文明,校证.北京:中华书局,1991.

[25] [宋]郑樵.通志二十略[M].王树民,点校.北京:中华书局,1995.

[26] [元]脱脱,等.金史[M].北京:中华书局,1975.

[27] [明]魏津.偃师县志[M].明弘治钞本.

[28] [明]傅梅.嵩书[M].明万历刻本.

[29] [清]孙星衍,汤毓倬.偃师县志[M].偃师市志编纂委员会,点校.郑州:中州古籍出版社,2002.

[30] [清]武亿.偃师金石遗文补录[M].清嘉庆二年刻本.

[31] [清]毕沅.中州金石记[M].清经训堂丛书本.

[32] [清]孙星衍.寰宇访碑录[M].清嘉庆七年刻本.

[33] [清]王昶.金石萃编[M].清嘉庆十年刻同治钱宝传等补修本.

[34] [清]董诰,等.全唐文[M].北京:中华书局,1983.

[35] 叶昌炽,柯昌泗.语石·语石异同评[M].陈公柔,张明善,点校.北京:中华书局,1994.

[36] 赵尔巽,等.清史稿[M].北京:中华书局,1977.

[37] 历代书法论文选[G].上海书画出版社,华东师范大学古籍整理研究室,选编校点.上海:上海书画出版社,1979.

[38] 张继禹.中华道藏[G].北京:华夏出版社,2004.

[39] 道藏[G].北京:文物出版社,上海:上海书店,天津:天津古籍出版社,1988.

论著

[1] 偃师县志编纂委员会.偃师县志[M].北京:生活·读书·新知三联书店,1992.

[2] 周绍良.唐代墓志汇编[G].上海:上海古籍出版社,1992.

[3] 赵超.中国古代石刻概论[M].北京:文物出版社,1997.

[4] 朱关田.中国书法史·隋唐五代卷[M].南京:江苏教育出版社,1999.

[5] 朱关田.唐代书法家年谱[M].南京:江苏教育出版社,2001.

[6] 陈美延.陈寅恪集·隋唐制度渊源略论稿 唐代政治史述论稿[M].北京:生活·读书·新知三联书店,2001.

[7] 刘涛.中国书法史·魏晋南北朝卷[M].南京:江苏教育出版社,2002.

[8] 王文超,赵文润.武则天与嵩山[C].北京:中华书局,2003.

[9] 卿希泰,唐大潮.道教史[M].南京:江苏人民出版社,2006.

[10] 包泉万,王春英.中国碑刻的故事[M].济南:山东画报出版社,2007.

[11] 喻清录.偃师古都研究文集（一）[C].香港:中国文化出版社,2007.

[12] 喻清录.偃师古都研究文集（二）[C].香港:中国文化出版社,2008.

[13] 陈美延.陈寅恪集·金明馆丛稿初编[M].北京:生活·读书·新知三联书店,2011.

[14] 张世科.河南碑刻类编[M].郑州:大象出版社,2013.

[15] 曹锦炎.鸟虫书通考（增订版）[M].上海:上海辞书出版社,2014.

[16] 常松木.石淙会饮祓禊习俗[M].郑州:河南文艺出版社,2014.

[17] 陈国符.道藏源流考（新修订版）[M].北京:中华书局,2014.

[18] 蒙曼.武则天（修订版）[M].桂林:广西师范大学出版社,2015.

[19] 宫嵩涛.王子晋与嵩山[M].郑州:河南人民出版社,2015.

[20] 张政烺,吕宗力.中国历代官制大辞典（修订版）[M].北京:商务印书馆,2015.

[21] 林语堂.武则天正传[M].张振玉,译.长沙:湖南文艺出版社,2016.

[22] 王家葵.玉吅读碑：碑帖故事与考证[M].成都:四川文艺出版社,2016.

[23] 赖瑞和.唐代高层文官[M].北京:中华书局,2017.

[24] 黄楼.碑志与唐代政治史论稿[M].北京:科学出版社,2017.

[25] 王双怀.日月当空：武则天与武周社会[M].西安:陕西人民出版社,2019.

[26] [美]傅康儒.修仙：古代中国的修行与社会记忆[M].顾漩,译.南京:江苏人民出版社,2019.

图册

[1] [日]书迹名品丛刊8·唐则天武后升仙太子碑[M].日本:二玄社,1959.

[2] 中国美术分类全集·中国法书全集[M].北京:文物出版社,2009.

[3] 中国美术分类全集·中国碑刻全集[M].北京:人民美术出版社,2010.

[4] 洛阳师范学院,偃师市文物旅游局.武则天升仙太子碑[M].郑州:中州古籍出版社,2016.

论文

[1] 宿白.西安地区唐墓壁画的布局和内容[J].考古学报,1982(2).

[2] 胡戟.酷吏政治与五王政变[J].西北大学学报（哲学社会科学版）,1983(3).

[3] 施安昌.从院藏拓本探讨武则天造字[J].故宫博物院院刊,1983(4).

[4] 施安昌.关于武则天造字的误识与结构[J].故宫博物院院刊,1984(4).

[5] 马俊民.武则天朝宰相考——兼论武则天政权性质及用人政策[J].天津师范大学学报,1987(4).

[6] 吴光兴.论初唐诗的历史进程——兼及陈子昂、"初唐四杰"再评价[J].文学评论,1992(3).

[7] 唐华全.略论唐中宗时期的政治风云[J].河北学刊,1993(2).

[8] 黄永年.历史上的畸形政权——李武政权[J].文史知识,1993(5).

[9] 万绳楠.武则天与进士新阶层[J].中国史研究,1994(3).

[10] 赵强.张易之、张昌宗死因考辨[J].烟台师范学院学报,1995(4).

[11] 唐华全.试论唐中宗时期的诸武势力[J].中国史研究,1996(3).

[12] 王双怀.历代对武则天的评价[J].人文杂志,1996(3).

[13] [日]大形徹.松乔考——关于赤松子和王子乔的传说[J].复旦学报（社会科学版）,1996(4).

[14] 卞孝萱.《唐太宗入冥记》与"玄武门之变"[J].敦煌学辑刊,2000(2).

[15] 赵振华.武则天与猴山"杳冥君"[J].洛阳工学院学报（社会科学版）,2001(2).

[16] 龙小松.初唐后期宫廷政治斗争与文学——以五王政变为研究中心[D].桂林:广西师范大学硕士学位论文,2005.

[17] 王双怀.论武则天当政时期的经济形势[J].唐都学刊,2005(6).

[18] 胡可先.论武则天时期的文学环境[J].唐代文学研究,2006.

[19] 孙向峰.唐代女性的法律地位[D].长春:吉林大学硕士学位论文,2006.

[20] 赵文润.武则天与太子李弘、李贤的关系考释[J].唐史论丛（第九辑）,2007.

[21] 王静.节愍太子墓《升仙太子图》考——兼论薛稷画鹤的时代背景[J].北京大学学报（哲学社会科学版）,2007(4).

[22] 周侃.唐代书手研究[D].北京:首都师范大学博士学位论文,2007.

[23] 何莉莉.武则天与登封[D].太原:山西大学硕士学位论文,2008.

[24] 刘天琪.隋唐墓志盖题铭艺术研究[D].西安:西安美术学院博士论文,2009.

[25] 孟宪实.论高宗、武则天并称"二圣"事[J].中华文史论丛,2011(2).

[26] 张鲁君,韩吉绍.《上清侍帝晨桐柏真人真图赞》考论[J].宗教学研究,2012(3).

[27] 孙正军.二王三恪所见周唐革命[J].中国史研究,2012(4).

[28] 王兰兰.《三教珠英》考补与发微[J].唐史论丛,2013(2).

[29] 柏英杰,孙逊.王子乔传说考辨[J].南通大学学报（社会科学版）,2013(3).

[30] 胡可先.出土墓志与唐代河东薛氏文学家族考论[J].中国文学研究,2014(2).

[31] 司海迪.武则天的人格与重要人际关系考论[D].武汉:武汉大学博士学位论文,2014.

[32] 曾超.白鹤梁题名人邓椿交际考[J].重庆三峡学院学报,2015(4).

[33] 韦佩佩.《列仙传》研究[D].济南:山东大学硕士学位论文,2015.

[34] 孟宪实.论武则天称帝[J].唐宋历史评论（第二辑）,2016.

[35] 王兰兰.五王政变名实考[J].唐都学刊,2016(2).

[36] 司海迪.武士彟死亡真相探析[J].山西档案,2016(3).

[37] 师伟红.司马承祯交游与文学考论[D].长沙:湖南师范大学硕士学位论文,2017.

[38] 张得水,黄林纳.与武则天有关的嵩山道教文物[J].文物天地,2017(7).

[39] 唐雯.女皇的纠结——《升仙太子碑》的生成史及其政治内涵重探[J].唐研究（第二十三卷）,2017.

[40] 郭发喜.唐代诸王与文学[D].西安:陕西师范大学博士学位论文,2018.

[41] 孙英刚.流动的政治景观——《升仙太子碑》与武周及中宗朝的洛阳政局 [J]. 人文杂志,2019(5).

附录一　武则天与弘农杨氏亲族关系图

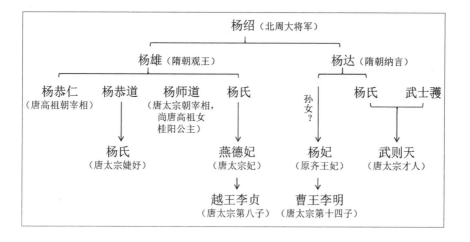

附录二　武氏家族世系图

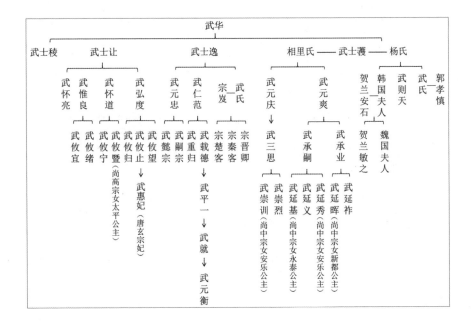

附录三 《国语·周语下·太子晋谏灵王壅谷水》[1]

导读：

本篇讲述周灵王二十二年（前550）之时，谷水、洛水泛滥，太子晋谏阻灵王之事。按照周灵王的想法，要人为填堵河流，以避免王宫遭灾。太子晋则进言规劝，他主要讲了三个方面的道理：一、河流是大自然的动脉，是人民生产生活的基础和保障，圣明的统治者对待河流问题向来很谨慎。二、统治者应该遵循天地的法度，顺应四季的时序，考虑人民的需求，怀揣对神灵的敬畏，如果人为填堵河流，只能招致天怒人怨，最终自取灭亡。三、统治者应该修德，得民心者得天下，以仁义治天下，才能使统治稳定，天下安居，国祚绵延。这篇文章的主题，既包括"民贵君轻"的儒家认识，又包括尊重自然规律，强调人地和睦的道家思想。反映了在古代农耕社会形态下，洪水现象对于人民生产生活和君王统治的影响。应该说太子晋的劝谏言辞恳切，鞭辟入里，可惜周灵王目光短浅，听不进去，最后还是决定填堵河流，从此周王室国运走向衰颓。

---

[1]此部分引文选取上海师范大学古籍整理组校点《国语》，上海古籍出版社，1978年。

原文：

灵王二十二年，谷、洛斗，将毁王宫。王欲壅之，太子晋谏曰："不可。晋闻古之长民者，不堕山，不崇薮，不防川，不窦泽。夫山，土之聚也；薮，物之归也；川，气之导也；泽，水之钟也。夫天地成而聚于高，归物于下。疏为川谷，以导其气；陂塘污庳，以钟其美。是故聚不阤崩，而物有所归；气不沉滞，而亦不散越。是以民生有财用，而死有所葬。然则无夭、昏、札、瘥之忧，而无饥、寒、乏、匮之患，故上下能相固，以待不虞，古之圣王唯此之慎。"

"昔共工弃此道也，虞于湛乐，淫失其身，欲壅防百川，堕高堙庳，以害天下。皇天弗福，庶民弗助，祸乱并兴，共工用灭。其在有虞，有崇伯鲧，播其淫心，称遂共工之过，尧用殛之于羽山。其后伯禹念前之非度，厘改制量，象物天地，比类百则，仪之于民，而度之于群生，共之从孙四岳佐之，高高下下，疏川导滞，钟水丰物，封崇九山，决汨九川，陂鄣九泽，丰殖九薮，汩越九原，宅居九隩，合通四海。故天无伏阴，地无散阳，水无沉气，火无灾燀，神无间行，民无淫心，时无逆数，物无害生。帅象禹之功，度之于轨仪，莫非嘉绩，克厌帝心。皇天嘉之，祚以天下，赐姓曰'姒'，氏曰'有夏'，谓其能以嘉祉殷富生物也。祚四岳国，命以侯伯，赐姓曰'姜'，氏曰'有吕'，谓其能为禹股肱心膂，以养物丰民人也。"

"此一王四伯，岂系多宠？皆亡王之后也。唯能厘举嘉义，以有胤在下，守祀不替其典。有夏虽衰，杞、鄫犹在；申、吕虽衰，齐、许犹在。唯有嘉功，以命姓受祀，迄于天

下。及其失之也，必有慆淫之心间之。故亡其氏姓，踣毙不
振；绝后无主，湮替隶圉。夫亡者岂系无宠？皆黄、炎之后
也。唯不帅天地之度，不顺四时之序，不度民神之义，不仪
生物之则，以殄灭无胤，至于今不祀。及其得之也，必有忠
信之心间之。度于天地而顺于时动，和于民神而仪于物则，
故高朗令终，显融昭明，命姓受氏，而附之以令名。若启先
王之遗训，省其典图刑法，而观其废兴者，皆可知也。其兴
者，必有夏、吕之功焉；其废者，必有共、鲧之败焉。今吾
执政无乃实有所避，而滑夫二川之神，使至于争明，以妨王
宫，王而饰之，无乃不可乎！"

"人有言曰：'无过乱人之门。'又曰：'佐饔者尝
焉，佐斗者伤焉。'又曰：'祸不好，不能为祸。'《诗》
曰：'四牡骙骙，旟旐有翩，乱生不夷，靡国不泯。'又
曰：'民之贪乱，宁为荼毒。'夫见乱而不惕，所残必多，
其饰弥章。民有怨乱，犹不可遏，而况神乎？王将防斗川
以饰宫，是饰乱而佐斗也，其无乃章祸且遇伤乎？自我先王
厉、宣、幽、平而贪天祸，至于今未弭。我又章之，惧长及
子孙，王室其愈卑乎？其若之何？"

"自后稷以来宁乱，及文、武、成、康而仅克安民。自
后稷之始基靖民，十五王而文始平之，十八王而康克安之，
其难也如是。厉始革典，十四王矣。基德十五而始平，基祸
十五其不济乎！吾朝夕儆惧，曰：'其何德之修，而少光王
室，以逆天休？'王又章辅祸乱，将何以堪之？王无亦鉴于
黎、苗之王，下及夏、商之季，上不象天，而下不仪地，中
不和民，而方不顺时，不共神祇，而蔑弃五则。是以人夷其

宗庙，而火焚其彝器，子孙为隶，下夷于民，而亦未观夫前哲令德之则。则此五者而受天之丰福，飨民之勋力，子孙丰厚，令闻不忘，是皆天子之所知也。"

"天所崇之子孙，或在畎亩，由欲乱民也。畎亩之人，或在社稷，由欲靖民也。无有异焉！《诗》云：'殷鉴不远，在夏后之世。'将焉用饰宫？其以徼乱也。度之天神，则非祥也。比之地物，则非义也。类之民则，则非仁也。方之时动，则非顺也。咨之前训，则非正也。观之诗书，与民之宪言，则皆亡王之为也。上下议之，无所比度，王其图之！夫事大不从象，小不从文。上非天刑，下非地德，中非民则，方非时动而作之者，必不节矣。作又不节，害之道也。"

王卒壅之。及景王多宠人，乱于是乎始生。景王崩，王室大乱。及定王，王室遂卑。

附录四 《逸周书·太子晋解》【1】

导读：

本篇主要讲述晋国使臣师旷与太子晋论辩一事。师旷在叔誉受挫之后出使周王畿，意欲在与太子晋的论辩中帮晋国挽回颜面，但最终也被太子晋的沉着贤明折服。太子晋讲述了各类君子（天子、圣人、仁者、义士）的德行，区分了各种统治者（士、伯、公、侯、君、予一人、天子、天王、帝）的责任担当，最后树立上古贤君"舜"作为世间统治者的楷模，令师旷肃然起敬。而在太子晋与师旷谈笑风生的背后，也伴随着当时周王室与诸侯国之间的微妙关系。春秋战国时期礼崩乐坏，晋平公作为地方诸侯，先后派出叔誉、师旷前来觐见太子晋，实际有模仿数10年前南方楚国问鼎中原的动机，通过试探周王室储君的贤明与否，从而决定未来问鼎中原的国策战略。太子晋最后通过弹唱"何自南极，至于北极，绝境越国，弗愁道远"警告晋国不要无故挑衅周王室的中央权威，吓得师旷心虚退场。其实师旷在历史记载中也是一位贤者形象，作为一名盲人乐师（自称"瞑臣"），规劝晋国国君察民情施仁政，这一点与太子晋的政治理想是类似的。

原文：

晋平公使叔誉于周，见太子晋而与之言。五称而五穷，逡巡而退，其不遂。归告公曰："太子晋行年十五，而臣弗

【1】此部分引文选取黄怀信、张懋镕、田旭东撰，黄怀信修订，李学勤审定《逸周书汇校集注（修订本）》，上海古籍出版社，2007年。

能与言。君请归声就、复与田。若不反，及有天下，将以为诛。"平公将归之，师旷不可，曰："请使瞑臣往与之言，若能懬予，反而复之。"

师旷见太子，称曰："吾闻王子之语高于泰山，夜寝不寐，昼居不安，不远长道，而求一言。"

王子应之曰："吾闻太师将来，甚喜而又惧。吾年甚少，见子而慑，尽忘吾其度。"

师旷曰："吾闻王子，古之君子，甚成不骄，自晋始如周，行不知劳。"

王子应之曰："古之君子，其行至慎；委积施关，道路无限。百姓悦之，相将而远；远人来欢，视道如尺。"

师旷告善。又称曰："古之君子，其行可则。由舜而下，其孰有广德？"

王子应之曰："如舜者天。舜居其所，以利天下，奉翼远人，皆得己仁，此之谓天。如禹者圣。劳而不居，以利天下，好取不好与，必度其正，是之谓圣。如文王者，其大道仁，其小道惠。三分天下而有其二，敬人无方，服事于商。既有其众，而返失其身，此之谓仁。如武王者义。杀一人而以利天下，异姓、同姓各得之谓义。"

师旷告善。又称曰："宣办各命，异姓恶方，王侯君公；何以为尊，何以为上？"

王子应之曰："人生而重丈夫，谓之胄子。胄子成人能治上官谓之士。士率众时作谓之曰伯。伯能移善于众，与百姓同谓之公。公能树名与物天道俱谓之侯，侯能成群谓之君。君有广德分任诸侯而敦信，曰予一人。善至于四海曰天子，达于四荒曰天王。四荒至，莫有怨訾，乃登为帝。"

师旷罄然。又称曰："温恭敦敏，方德不改，闻物
□□，下学以起，尚登帝臣，乃参天子，自古谁？"

王子应之曰："穆穆虞舜，明明赫赫，立义治律，万物
皆作，分均天财，万物熙熙，非舜而谁能？"

师旷东躅其足曰："善哉，善哉！"

王子曰："太师何举足骤？"

师旷曰："天寒足躅，是以数也。"

王子曰："请入坐。"遂敷席，注瑟。师旷歌《无射》
曰："国诚宁矣，远人来观。修义经矣，好乐无荒。"乃注
瑟于王子。王子歌《峤》曰："何自南极，至于北极，绝境
越国，弗愁道远？"

师旷蹶然起曰："瞑臣请归！"

王子赐乘车四马，曰："太师亦善御之？"

师旷对曰："御，吾未之学也。"

王子曰："汝不为夫《诗》？《诗》云：'马之刚矣，
辔之柔矣。马亦不刚，辔亦不柔。志气麃麃，取予不疑。'
以是御之。"

师旷对曰："瞑臣无见，为人辩也，唯耳之恃，而耳又
寡闻而易穷。王子，汝将为天下宗乎！"

王子曰："太师，何汝戏我乎？自太皞以下至于尧舜
禹，未有一姓而再有天下者。夫大当时而不伐，天何可得？
且吾闻汝之人年长短，告吾。"

师旷对曰："汝声清汗，汝色赤白。火色不寿。"

王子曰："吾后三年上宾于帝所，汝慎无言，□将及

汝。"

师旷归,未及三年,告死者至。

附录五 （传）蔡邕《王子乔碑》[1]

王孙子乔者，盖上世之真人也。闻其仙旧矣，不知兴于何代，博问道家，或言颍川，或言彦蒙，初建斯城，则有斯丘。传承先民曰王氏墓，绍胤不继，荒而不嗣，历载弥年，莫之能纪。洎于永和之元年冬十有二月，当腊之夜，墓上有哭声，其音甚哀。附居者王伯闻而怪之，明则祭其墓而察焉。时天洪雪，下无人径，见一大鸟迹在祭祀之处，左右咸以为神。其后有人著大冠绛单衣，杖竹策立冢前，呼采薪孺子尹永昌，谓曰："我王子乔也，尔勿复取吾墓前树也！"须臾忽然不见。时令太山万熙，稽故老之言，感精瑞之应，咨访其验，信而有征。乃造灵庙，以休厥神。于是好道之俦自远来集，或弦琴以歌太一，或谭思以历丹丘。其疾病尪瘵者，静躬祈福即获祚，若不虔恪辄颠踣。故知至德之宅兆，实真人之先祖也。延熹八年秋八月，皇帝遣使者奉牺牲以致祀，祇惧之敬肃如也。国相东莱王璋字伯仪，以为神圣所兴，必有铭表，昭示后世，是以赖乡仰伯阳之踪，关民慕尹喜之风。乃会长史边乾，访及士隶，遂树玄石，纪颂遗烈，俾志道者有所览焉。

伊王君，德通灵。含光耀，秉纯贞。应大道，羡久荣。□□□，漂长风。弃世俗，飞神形。翔云霄，浮太清。乘螭龙，载鹤軿。戴华笠，奋金铃。挥羽旗，曳霓旌。欢罔极，

【1】此部分引文选取邓安生《蔡邕集编年校注》，河北教育出版社，2002 年。

寿亿龄。昭笃孝，念所生。岁终阕，发丹情。存墓冢，舒哀声。遗鸟迹，觉旧城。被绛衣，垂紫缨。呼孺子，告姓名。由此悟，感怖惊。修祠宇，反几筵。馈饎进，甘香陈。时倾顾，馨明烟。匡流祉，熙帝庭。祐邦国，相黔民。光景福，耀无垠。

附录六　司马承祯《上清侍帝晨桐柏真人真图赞》[1]

导读：

此篇出自《正统道藏·洞玄部·赞颂类》，篇首有题"天台白云司马承祯录"。全文共分11个片段，对王子晋的生平进行图文并茂式叙述：谏周灵王、论于师旷、浮丘降接、身逝魂走、嵩山修道、乘鹤升仙、拜见道君、受封桐柏、坐金庭宫、传道周季山和夏馥、传道杨羲。这11个片段中，谏周灵王源自《国语》；论于师旷源自《逸周书》；浮丘降接、嵩山修道、乘鹤升仙源自《列仙传》；身逝魂走则是司马承祯为解释《逸周书》和《列仙传》中对王子晋年龄记载的矛盾，额外加入的一个情节。拜见道君及以下五个情节则是根据陶弘景《真诰》等上清派道经记载而演绎。根据当代学者考证，文中图像与文字有多处不符，图像中的人物服饰具有明显的宋代特征，应是后人重绘。

原文：

夫得道成真，有隐有显。跻神化质，多术多途。大茅君辞亲入岳，仙业备而归来，坐致旂舆，白日轻举。高丘子解形避世，丹药就而不返，行驭龙鹤，遁景潜升。见灵妙者，以奖诸道学之勤。混昤焭者，以息其生离之望。或命分有照冥之异，事不可违。或性乐有语默之殊，理从自适。古仙出

---

[1] 此部分引文选取《道藏》第11册，文物出版社、上海书店、天津古籍出版社，1988年。

处，兼此显晦。时人记传，罕能详测。故迹有再三，述有前后。会通机变，方知至妙焉。桐柏真人王君，即周灵王之太子，子晋也。按《史记》云："太子圣而早卒。"据《列仙传》曰："隐而登仙。"两说不同，盖有由矣。司马公述乎国史，刘子政验以道书。国史载其前卒之踪，道书著其后仙之事。真仙相反，尚见异于同时。彼我相违，况与悬于数纪。且其特禀灵气，已积习于前生。假孕人胎，暂应身于此世。幼而通圣，是习性之久也。诞而有髭，是身貌之昔也。炼神入微，谪仙促限。知宾帝之一举，期师旷于三载。说宾帝乃冲形之旨，岂肯沉魂。诚师旷慎不寿之言，明知弗天。良以早毙人间，遽还仙境。轻此储位，重彼真仙。游洛川以伫怀，畅笙歌之逸韵。感浮丘而降接，传出世之奇方。故能蜕形示终，隐山学道。振羽之日，谢时冲天。其初卒后仙，亦不足疑怪也。是以京陵之墓，经古启而剑飞。缑氏之祠，迄今立而神在。化升之致，事理昭然。承祯早处嵩岳，慕山林之抗迹。每谒堂庙，钦影响之余灵。对风景而虚心，怀七日之如昨，瞻云天而悠思，仰三清之又玄。复以玉晨策命，当侍弼之荣秩。金庭宰职，赴桐柏之名山。五岳是司，群神所奉。八洞交会，诸仙游集。周紫阳受素奏之符，夏明晨禀黄水之法。密契者，传秘诀于同道。归诚者，告幽遁之殊庭。灵墟信奇，丹水济成神之域。福地旌异，黄云霭不死之乡。林宇岩房，存诸栖憩。石梁峰阙，纪其登游。所以负岌幽寻，为室静处。希夷尚闷，视听罕通。乃观仙传，追伊洛之发迹。复披真诰，慕华阳之降形。轻运丹青，敬载图象。敢为赞述，庶表诚心。方以焚香启玩，窥天洞于素牒。听气内思，奉光仪于绛府。自以在世，迄于升真。凡有一十一图。纂成一卷。

上清侍帝晨，领五岳司，右弼桐柏真人王仙君真图赞。

第一，周灵王二十二年，谷洛二水斗，将毁王宫，王欲壅之。太子谏曰："不可。晋闻古之长民者，不堕山，不崇薮，不防川，不窦泽。"又曰："其兴者，必有夏吕之功焉。其废者，必有共鲧之败焉。今吾执政，无乃实有所辟。而滑夫二川之神，使至于争明，以妨王宫。王而饰之，无乃不可乎。"又曰："佐饔者尝，佐斗者伤。王将防斗川以饰宫，是佐斗也。其无乃章祸且遇伤乎。自我先王，厉、宣、幽、平而贪天祸至，于今未弥。我又章之，惧长及子孙，王室其愈卑乎。"王卒壅之，其后景王多宠人，乱于是乎始生。景王崩，王室大乱。及贞定王，王室遂卑。

图画周朝宫阙，作谷洛二水相合，而斗稍毁。宫城处人，夫负土欲壅此川。作太子具冠服立于灵王前谏事。

赞曰：禀神幼圣，继明英聪。咨谏壅水，切净饰宫。如何不纳，更事修崇。预言祸败，果致卑穷。

　　第二，晋平公使叔誉于周，见太子与之言。五称三穷，逡巡而退，其言不遂。归告公曰："太子行年十五，而臣不能与言。"又师旷曰："请瞑臣而往，与之言。"既至乃问君子之行，尧舜之德，又问王侯君何以为尊，何以为下。又问温恭敦敏，方德不改，开物于初。下学以起，上登帝晨，乃参天子，自古谁也。太子皆应声而答，辩拚明理。师旷罄然，举躅其足曰："善哉，善哉！"乃蹶然而起曰："瞑臣请归。"太子问曰："闻汝知人年长短，希我告也。"师旷曰："汝声清污，汝色赤白，火色不寿。"太子曰："后三年，上宾于帝所，汝慎无言，殃将及汝。"师旷归，未三年而卒。

　　图画东宫殿宇，作太子坐处，与叔誉、师旷问答事。其师旷乃举躅其足。

　　赞曰：学聚该洞，辩物谈述。叔誉斯穷，师旷匪诘。隐妙神性，谬测声质。宾帝有期，瞑臣讵悉。

　　第三，《列仙传》曰：太子好吹笙作凤凰鸣。游伊洛之间，道士浮丘公接上嵩高山者。此时浮丘公初降，授以秘术，修习既成，拟托卒尸解。所以预言于师旷，有三年之期。

　　图画太子吹笙，游于伊洛间，道士浮丘公降接之事。

　　赞曰：位寓储宫，字著仙阁。志凌云汉，迹厌城郭。学凤调笙，思真伊洛。浮丘降授，解形是托。

　　第四，与师旷言云："后三年，上宾于帝所者。"谓三年之内，必先尸解，方乃上宾于帝，故通而预言耳。于是密蜕解形，空留剑舄，潜冥真体，隐适嵩山。使亲忘我难，故示终以绝思。为道既不易，故积学以登仙。

　　图画宫殿，作太子卧卒形，群臣嗷泣事，及太子共浮丘公东南行，向嵩高山事。

　　赞曰：剑杖有术，符药多方。代形未化，蜕质默详。寻师道长，辞亲爱忘。隐山自逸，瘗墓徒伤。

　　第五，《传》曰：浮丘公接上嵩高三十余年，后求之于山，见桓良曰："告我家，七月七日，待我于缑氏山头者。"太子隐于嵩高，师于浮丘公。精思以炼神，饵药以变质。道业既就，仙举有期。乃出见桓良，令报我家也。

　　图画嵩高山，作修学岩林居处，岩中有经书、丹灶，浮丘公坐在其中。岩前作坛，王君坐在坛上，烧香精思事。又王君出于山，次见桓良共语事。

　　赞曰：栖山隐迹，学道炼形。年淹数纪，业契群灵。告期七日，将迈三清。桓良返报，周国待迎。

　　第六，《传》曰：果乘白鹤驻山巅，望之不得到，举手谢时人，数日而去。立祠于缑氏山者，此则初卒而隐，后仙而显。神化无方，灵变自适也。故能降谢缑氏，举手留情。上登云天，冲鹤灭景。时人永慕于余迹，祠宇以存之。灵像可传于后世，神气而在焉，师旷不寿之语，彼类于蜉蝣；太子宾帝之言，此可明于龟鹤矣。

　　图画王君乘鹤，驻在缑氏山头，举手谢时人。并作周国帝王仪仗，及时人众等，望不得到。及王君控鹤升天事。

　　赞曰：倾人国内，驻鹤山巅。遥谢举手，永绝归年。留情数日，冲景三天。孤轩畅远，众被悲旋。

　　第七，上清天高圣太上玉晨玄皇大道君，为万道之主。诸真之所尊奉，世学之所宗禀。得道登仙者，必诣金阙，而朝拜受事焉。于是分司列位，随德业之高卑，章服法仪，因品秩以班锡。故冠帔殊制，幡节异色。舆盖各形，龙鹤分驭。咸有等差，以资升降。王君是焉，敬承圣旨。

　　图画天上上清宫阙，作道君形象。仙真侍卫，作二童侧立。共捧案，案上有玉策。并作一真人侧立，宣付王君。

　　赞曰：形声入妙，道备登真。奉朝金阙，禀策玉晨。德业爰极，职位攸遵。二仪齐奉，万劫凝神。

　　第八，王君于金阙拜受策命。号曰：侍帝晨，领五岳司，右弼王桐柏真人。既承圣旨，将赴洞宫，羽节导前，霓旌从后。龙舆降霄，鹤辔回翔。神仙侍卫，笙璈奏乐。下太清而乘云，指洞霄而稳驾。谅道气之灵，景真仪之盛观也。

　　图画王君，乘云车羽盖，仙灵侍从，旌节导引。龙鹤飞翔，从天而降，欲赴桐柏山洞宫事。

　　赞曰：班锡所禀，羽仪咸备。云景浮轩，龙鹤骈辔。旌节导从，云仙会萃。自天乘阶，瞻山赴位。

　　第九，天台山一名桐柏栖山。山有洞府，号曰：金庭宫。精晖伏晨，光照洞域。琼台玉室，莹朗轩庭。泉则石髓金精，树则苏牙琳碧。信谓养真之福境，成神之灵墟也。王君处焉，以理幽显，侍弼帝晨。有时朝奉，领司诸岳。群神于兹受事矣。

　　图画桐柏山，作金庭洞宫。王君坐在宫中，众仙侍卫。并五岳君各领佐命，等百神来拜谒。

　　赞曰：山有玉洞，宫曰金庭。九天通象，三晨伏精。侍帝斯任，弼王所贞。领司五岳，统御百灵。

　　第十，紫阳真人周季山，昔入桐柏山。见真人王君，授以素奏丹符。又明晨侍郎夏馥，入桐柏山遇真人王君，授黄水云浆之法。

　　图画真人周季山，作道士服，于桐柏山见真人王君。王君以左手执素奏丹符，欲付周君，周君长跪而受之。作夏馥着古人衣，遇见王君。王君把一卷书欲付馥，馥长跪举两手受之。其周夏二人，皆作山人装束。各作一笈，解在其人边，石上著跪于王君。王君作真人衣服，并有三五个仙人侍在左右。

　　赞曰：周君访道，丹符见授。夏氏求仙，黄水之究。炼形奇术，非师不就。幽感爰通，冥期可候。

　　第十一，晋兴宁三年，有学道者杨君，处于茅山精思所感，多有诸真降授。以其年六月二十六日，桐柏真人王君，共诸真降于杨之所居，而未与之言。杨君记曰："有一人年甚少，整顿非常。建芙蓉冠，着朱衣，以白珠缀衣缝，带剑。多论金庭山事于后。"又降告曰："夫八朗四极，灵岸辽遯。奇言吐颖，琼音灿振。晨飞凌霄，清玄气赴。授职玉虚，心遗艰锋。沉滞于眇罗之外，凝和于寂波之表。若此者，必能旋腾寥汉，周历真庭矣。三元可得而见，降名可得而立耳。如其心并愆浪，目击色袄。动与网罟共启，静与争竞之分者。此乃适仙路邈，求生日阔也。子其慎之。"又降曰："有道者，皆当深研灵奥。栖心事外。但思味勤笃，糟粕余物，亦是享耳。又降有歌述等词，此不备载。"

　　图画茅山杨君，学道坛宇处。王真人降见，着芙蓉冠，绛衣，白珠缀衣缝，带剑。杨君把纸笔附前而书。其衣作真仙之制，其剑鞘依经中样式。

　　赞曰：真仙匪遥，感通惟密。应彼幽志，降兹灵质。诚训著言，咏歌兼述。见景非久，冲真返一。

附录七　唐高宗《册谥孝敬皇帝文》[1]

导读：

上元二年（675），太子李弘英年早逝，享年24岁，被唐高宗追谥为"孝敬皇帝"。历史上逝后被追谥为皇帝的太子不乏其人，但都是当朝皇帝追谥曾经当过太子的父亲为皇帝，如北魏文成帝拓跋濬即位后，追谥生父景穆太子拓跋晃为景穆皇帝；西梁宣帝萧詧即位后，追谥生父昭明太子萧统为昭明皇帝。与前人不同的是，唐高宗李治是中国历史上首次以父亲的身份从上到下追谥儿子为皇帝，这也是历史上惟一的一次。唐高宗在《册谥孝敬皇帝文》中追述李唐先祖功业，表彰太子李弘德行和监国之功，感慨"伊川可望，泣笙驾之无追"。这也是在唐代皇子册文类文献中首次出现王子晋的典故，以早逝的皇子类比王子晋故事，这一用典影响了后来的皇子册文写作。

原文：

维上元二年八月五日，天皇若曰：於戏，咨夫御图箓者，至圣荷提衡之业；承宗庙者，元良膺受命之期。眇寻千古之外，纵观百王之表，成功不处，高让之躅惟崇；在贤斯授，则哲之风逾远。睠彼勋华，鼎祚传于有德；洎夫汤武，宝历归于孟侯。揖前载之宏模，成后王之茂范者也。炎精失驭，巨猾挺灾，普天陷涂炭之危，区寓坠豺狼之毒。

【1】此部分引文选取［宋］宋敏求编《唐大诏令集》，中华书局，2008 年。

我高祖神尧皇帝，应天御物，拨乱反正，斩白蛇而定天下，誓苍兕而会诸侯。底绥万邦，□宁六合。太宗文武圣皇帝，循机统极，出震开阶，练彩石而补乾纲，拯横流而恢地络。远穆迩肃，时清颂平。朕式纂昌基，钦承睿绪，幸凭累圣之福，高居兆人之上。灵符叶赞，天命允集。是以昭报先功，镂玉于升中之观；聿崇严配，禋珪于布政之宫。俗阜岁丰，化淳刑措，幽明以之效祉，夷夏由其乂安。驭朽逾兢，寝绳多愧。尝以人之所宝者位，虽处位以思冲。心之所存者道，希察道而求逸。是以载想褰迎，虚襟脱屣。凝神不宰，宣游汾水之阳；涤虑无为，访道襄城之野。洛尔故皇太子弘，克岐克嶷，有德有行。事亲以孝，爱敬极于寝门；奉上以忠，恭慎形于驰道。孝慈不犯，惠以及人。载隆三善之规，无俟八繁之诫。发挥弦诵，逊业之道弥光；黼藻温文，承祧之望攸重。抚军监国，大阐良图，百揆万机，伫令居摄。庶几乾坤交泰，主鬯之业方新；日月重光，继昭之明斯远。顷炎氛戒节，属尔沉疴，实冀微痊，释余重负，粤因瘳降，告以斯怀。尔忠恳特深，孝情天至，闻言哽咽，感绝移时。因此弥留，奄然长逝。伊川可望，泣笙驾之无追；瑶岭难逢，痛琴风之永绝。循今念往，震悼良深。然事欲必行，礼虽崇而未极；德惟可尚，身已谢而宜尊。加以隆名，允符心许。是用谥尔为孝敬皇帝，式昭典册。俾夫位光一德，叶帝载于将来；名参四大，播天声于终古。明灵若存，享兹宝命。呜呼哀哉！

附录八　陈子昂《窅冥君古坟记铭》【1】

导读：

此篇讲述神功元年（697）武则天带领臣工前来缑山考察之事。开篇介绍事件背景"宝鼎功成，朝廷大宁"，指对契丹战争获得胜利。大战胜利过后，武则天立即率领群臣赴缑山勘察旧王子晋庙基址，足见其对营建新升仙太子庙的重视。然而此时缑山古墓的出现，使得武周君臣陷入迷茫。尽管历史中记载：王子乔墓出土一剑，此墓中恰好也出土一古剑，但是根据墓中其他出土物，武周君臣还是无法把这座古墓直接认定为王子乔墓。于是只好为神秘的墓主人赐名"窅冥君"，窅冥者，渺茫神秘也。文章最后有"其铭曰"，说明这篇文章本来有序有铭，当是陈子昂受命为"窅冥君"所作的碑文。可惜铭文部分已经佚失。在宋代赵明诚《金石录》中，记载有一块《周杳冥君铭碑》，神功元年十月立，正书。"杳"通"窅"，赵明诚记载此碑"无书撰人姓名"，南宋《宝刻类编》中又记载是薛稷撰并书，明代都穆《金薤琳琅》中最早著录此碑碑文，但奇怪的是只有铭文部分。笔者推测此碑或与《窅冥君古坟记铭》本为一体，陈子昂撰文，薛稷书。

原文：

神功元年，龙集丁酉，我有周金革道息。宝鼎功成，朝

【1】此部分引文选取徐鹏校点《陈子昂集》，中华书局，1960年。

廷大宁，天下无事。皇帝受紫阳之道，延访玉京；群臣从白云之游，载驰瑶水。笙歌入至，玄鹄飞来。时余以银青光禄大夫忝在中侍，拥青旄之节，陪翠鸾之旗。昔奉车子侯，独随武帝，昌明为御，每侍轩游，比之今日，未足多幸。是时屡从严祀，遥谒秘封，尝睹众灵如云，群仙蔽日。乃仰感王子晋，俯接浮丘公，行吹洞箫，坐弄云凤。窃欲邀羽袂，导鸾舆，求不死于金庭，保长生于玉册，上以尊圣寿，下以息微躯。因登缑山，望少室，寻古灵迹，拟刻真容，得王子晋之遗墟，在永水之层曲。

且欲开石室，营寿宫。厎徒方兴，畚锸攸作，乃得古藏焉。其藏上无封壝，内有甓瓦，南北长二丈二尺，东西阔八尺，中有古剑一，长尺余。铜碗一，并瓦器二。其器文彩怪异，非虫篆雕斫所能拟也。又有古五铢钱、朱漆片数十枚，初开时文彩可见，及枨拨之，应手灰灭，既无年代铭志，不知爵里官族。参验其事，已曾为人所开，于是抚之永怀。念昔增密，始知有形必弊，涉器则毁。钟鼎玉帛，非度世之资；名位宠章，为累真之府。未能独立物表，超世长存。与日月齐光，天地比寿，非天道乎？

君窅窅冥冥，久幽珍藏，迨此昭发，岂不欲感示玄契，奇畅灵期？昔王乔古坟，唯留一剑，令威荒冢，又叹千年，起予道心在乎此。仰惟圣主仁慈，恩被草木，阳和掩骼，既昭国典，至德埋胔，又在周令。今此藏亏露，诚感仁恻，谨历吉日，协良辰。即以其年十月甲子朔，具物备容，还定旧圹。豚鸡在奠，牺鐏若歆，哀其铭志磨灭，姓位不显，乃锡之名曰窅冥君。其铭曰(缺)。

附录九　武则天并十六从臣《夏日游石淙诗并序》[1]

导读：

《夏日游石淙诗并序》摩崖，位于今河南省登封市告成镇石淙河畔北岸。久视元年五月（700年6月），武则天带领群臣李显、李旦、武三思、狄仁杰、张易之、张昌宗、李峤、苏味道、姚元崇、阎朝隐、崔融、薛曜、徐彦伯、杨敬述、于季子、沈佺期16人，于石淙河畔举行会饮活动，并刻石纪念。石淙河又名平乐涧，是颍水的一条支流，发源于嵩山东麓的九龙潭。此地自然环境幽静，两岸石壁高耸，险峻如削，怪石嶙峋，呈犬牙交错之势.武则天晚年在此地修建行宫"三阳宫"，常与群臣避暑宴饮。《夏日游石淙诗并序》由武则天亲自作序，并赋七言律诗一首，十六从臣各应制七律一首，由薛曜誊写。这17首诗套路类似，均是以对自然风景的描写比拟道家仙境，畅言升仙祈福主题，反映出武则天晚年追求长生的思想。

原文：

若夫圆峤方壶，涉沧波而靡际；金台玉阙，陟玄圃而无阶。唯闻《山海》之经，空览《神仙》之记。爰有石淙者，即平乐涧也。尔其近接嵩岭，俯届箕峰，瞻少室兮若莲，睇颍川兮如带。既而蹑崎岖之山径，荫蒙密之藤萝。汩涌洪

【1】此部分引文选取［明］傅梅撰《嵩书》，明万历刻本，并与摩崖拓片比对。

湍，落虚潭而送响；高低翠壁，列幽涧而开筵。密叶舒帷，
屏梅氛而荡燠；疏松引吹，清麦候以含凉。就林薮而王心
神，对烟霞而涤尘累。森沉丘壑，即是桃源；淼漫平流，还
浮竹箭。纫薜荔而成帐，耸莲石而如楼。洞口全开，溜千年
之芳髓，山腰半坼，吐十里之香粳。无烦昆阆之游，自然形
胜之所。当使人题彩翰，各写琼篇，庶无滞于幽栖，冀不孤
于泉石。各题四韵，咸赋七言。

七言　御制
三山十洞光玄箓，玉峤金峦镇紫微。
均露均霜标胜壤，交风交雨列皇畿。
万仞高岩藏日色，千寻幽涧浴云衣。
且驻欢筵赏仁智，雕鞍薄晚杂尘飞。

七言　侍游应制　皇太子臣显上
三阳本自标灵纪，二室由来独擅名。
霞衣霞锦千般状，云峰云岫百重生。
水炫珠光遇泉客，岩悬石镜厌山精。
永愿乾坤符睿算，长居膝下属欢情。

七言　侍游应制　太子左奉裕率兼检校安北大都护相王
臣旦上
奇峰嶾嶙箕山北，秀崿岧峣嵩镇南。
地首地肺何曾拟，天目天台倍觉惭。
树影蒙笼鄣叠岫，波声汹涌落悬潭。

□愿紫宸居得一，永欣丹宸御通三。

七言　侍游应制　太子宾客上柱国梁王臣三思上
此地岩壑数千重，吾君驾鹤□乘龙。
掩映叶光含翡翠，参差石影带芙蓉。
白日将移冲叠巘，玄云欲度碍高峰。
对酒鸣琴追野趣，时闻清吹入长松。

七言　侍游应制　内史臣狄仁杰上
宸晖降望金舆转，仙路峥嵘碧洞幽。
羽仗遥迎鸾鹤驾，帷宫直坐凤麟洲。
飞泉洒液恒疑雨，密树含凉镇似秋。
老臣预陪玄圃宴，余年方共赤松游。

七言　侍游应制　奉宸令臣张易之上
六龙骧首晓骎骎，七圣陪轩集颍阴。
千丈松萝交翠幕，一丘山水当鸣琴。
青鸟白云王母使，垂藤断葛野人心。
山中日暮幽岩下，泠然香吹落花深。

七言　侍游应制　麟台监中山县开国男臣张昌宗上
云车遥裔三珠树，帐殿交阴八桂丛。
碉岭泉声疑度雨，川平桥势若晴虹。
叔夜弹琴歌白雪，孙登长啸韵清风。
即此陪欢游阆苑，无劳辛苦向崆峒。

七言　侍游应制　鸾台侍郎臣李峤上
羽盖龙旗下绝冥，兰除薜幄坐云扃。
鸟和百籁疑调管，花发千岩似画屏。
金灶浮烟朝漠漠，石床寒水夜泠泠。
自然碧洞窥仙境，何必丹丘是福庭。

七言　侍游应制　凤阁侍郎臣苏味道上
雕舆藻卫拥千官，仙洞灵溪访九丹。
隐暧源花迷近路，参差岭竹扫危坛。
重崖对耸霞文驳，曝水交飞雨气寒。
日落宸襟有余兴，徘徊周瞩驻归鸾。

七言　侍游应制　夏官侍郎臣姚元崇上
二室三涂光地险，均霜揆日处天中。
石泉石镜恒留月，山鸟山花竞逐风。
周王久谢瑶池赏，汉主悬惭玉树宫。
别有祥烟伴佳气，能随轻辇共葱葱。

七言　侍游应制　给事中臣阎朝隐上
金台隐隐陵黄道，玉辇亭亭下绛雾。
千种岗峦千种树，一重岩壑一重云。
花落风吹红的历，藤垂日晃绿葐蒀。
五百里内贤人聚，愿陪阊阖侍天文。

七言　侍游应制　凤阁舍人臣崔融上

洞口仙岩类削成，泉香石冷昼含清。

龙旗画月中天下，凤管披云此地迎。

树作帷屏阳景翳，芝如宫阙夏凉生。

今朝出豫临玄圃，明日陪游向赤城。

七言　侍游应制　奉宸大夫汾阴县开国男臣薛曜上

玉洞幽寻更是天，朱霞绿景镇韶年。

飞花藉藉迷行路，啭鸟遥遥作管弦。

雾隐长林成翠幄，风吹细雨即虹泉。

此中碧酒恒参圣，浪道昆山别有仙。

七言　侍游应制　给事中臣徐彦伯上

碧淀红淏崿嶂间，淙嵌洲岨洊成湾。

琪树琁娟花未落，银芝窟咤露初还。

八风行殿开仙牓，七景飞舆下石关。

张茑席云平圃宴，焜煌金记蕴名山。

七言　侍游应制　右玉钤卫郎将左奉宸内供奉臣杨敬述上

山中别有神仙地，屈曲幽深碧涧垂。

岩前暂驻黄金辇，席上还飞白玉卮。

远近风泉俱合杂，高低云石共参差。

林壑偏能留睿赏，长天莫遽下丹曦。

七言　侍游应制　司封员外臣于季子上

九旗云布临嵩室，万骑星陈集颍川。

瑞液含滋登禹膳，飞流荐响入虞弦。

山扉野径朝花积，帐殿帷宫夏叶连。

微臣献寿迎千寿，愿奉尧年亿万年。

七言　侍游应制　通事舍人臣沈佺期上

金舆旦下绿云衢，彩殿晴临碧涧隅。

溪水泠泠杂行漏，岩烟片片绕香炉。

仙人六膳调神鼎，玉女三浆捧帝壶。

自昔汾阳纡道驾，何如太室览真图。

大周久视元年岁次庚子律中蕤宾十九日丁卯

左奉宸大夫汾阴县开国男臣薛曜奉敕书

附录十 《升仙太子碑》相关历史事件年表

东周灵王二十二年（前550），太子晋谏周灵王壅谷水。此一时间前后，太子晋还与晋国使臣叔誉、师旷论辩，并预言自己将于18岁左右病逝。见于战国文献《国语》《逸周书》。

西汉前期，《楚辞·远游》、庄忌《哀时命》等文献中，出现仙人王乔形象。

东汉前期，王充《论衡》中，出现"王子乔"之名。西汉至东汉初期，仙人王子乔（王乔）的基本形象为：常与赤松子一起出现，不食，靠呼吸导引养生长寿，最后得道升仙。

东汉前期，汉明帝时有叶县县令王乔，亦升仙。见于东汉后期应劭《风俗通义》记载。

东汉中期，王逸《楚辞章句》中，出现"王子侨"之名，并有化为白蜺和尸体化为大鸟的情节。

东汉桓帝延熹八年八月（165年9—10月），有《王子乔碑》，碑文中讲到了王子乔化为大鸟、复活又消失的事，与王逸《楚辞章句》中所记情节相似。按照《水经注》中记载，此碑立于梁国薄伐城，即今山东曹县南、河南商丘北。这是东汉官方政府首次确定王子乔墓地点。

东汉中后期，王符《潜夫论》、应劭《风俗通义》和佚名文献《列仙传》中，周灵王太子晋与仙人王子乔的形象正式融合在一起。在《列仙传》中，王子乔受浮丘公度化，于嵩山修道、缑山升仙的故事正式形成。

东汉末年，高诱注《淮南子·齐俗训》中，出现柏人令王乔，亦得道升仙。

曹魏至西晋时期，裴秀《冀州记》中，指出缑氏仙人庙与柏人令王乔有关，而非仙人王子乔（周灵王太子晋）。

十六国时期，缑氏仙人庙毁于战火。

东晋时期，葛洪《抱朴子》中，出现"子晋"的称呼。

北魏太武帝始光二年（425）左右，在寇谦之的道教改革过程中，缑山子晋祠建立。《列仙传》版本的王子乔（周灵王太子晋）信仰正式确立。

北魏后期，郦道元《水经注》中，正式出现"王子晋"的称呼。书中所记抚父堆上有子晋祠，实际就是寇谦之所立缑山子晋祠。

北魏孝明帝延昌四年十月（515年10—11月），有《王子晋碑》，见于北宋赵明诚《金石录》记载。另外，据南宋郑樵《通志》记载，北魏时期还有一块《升仙太子碑》。

南朝时期，在陶弘景的道教整合过程中，王子乔（周灵王太子晋）成为上清派祖庭天台山的仙官。在陶弘景《真诰》中，王子乔被封"桐柏真人右弼王领五岳司侍帝晨"；在南北朝佚名道经《元始上真众仙记》中，王子乔又被封为"金阙侍中"。此外陶弘景《真诰》中还总结了王子乔（周灵王太子晋）的视觉形象："建芙蓉冠，朱衣带剑。"又提到王子乔墓中出古剑之事。

唐高宗显庆三年（658），李善《昭明文选注》完成，其中征引《列仙传》文献69条，包括王子晋典故13条。王子晋成为被征引次数最多的神仙。

唐高宗上元二年四月（675年5月），太子李弘薨于洛阳合璧宫绮云殿，享年24岁，被追谥为孝敬皇帝。唐高宗御书《孝敬皇帝睿德纪碑》。上元二年七月（675年7—8月），复置缑氏县，以管孝敬皇帝恭陵。

唐高宗调露二年二月（680年3月），唐高宗与武则天第一次到访嵩山，拜访上清派第十一代宗师潘师正。

武则天载初二年九月（690年10月），改唐为周，武则天正式称帝。

武则天天册万岁二年腊月（696年1月），封禅嵩山，封王子晋为升仙太子，计划重新立庙。

武则天万岁通天元年五月（696年6月）至万岁通天二年九月（697年9月），对契丹作战，修庙计划搁置。

武则天神功元年十月（697年10月），武则天率群臣考察缑山旧王子晋庙遗址。升仙太子庙破土动工，发现缑山古墓，陈子昂撰写《窅冥君古坟记铭》。

武则天圣历元年（698）某时，武则天派遣内官视察升仙太子庙工程进度。

武则天神功元年（697）或圣历二年二月（699年3月），武则天召见上清派第十二代宗师司马承祯。司马承祯作有《上清侍帝晨桐柏真人真图赞》，成为《升仙太子碑》碑文内容的重要参考。

武则天圣历元年三月（698年4月），庐陵王李显回朝，当年九月（698年10月），李显被立为太子。

武则天圣历二年腊月至正月（698年12月—699年1月），设置控鹤监。张易之为长官，主要有张昌宗、薛稷等人为控鹤内供奉。

武则天圣历二年二月（699年3月），武则天赴嵩山途中登临缑山，拜谒升仙太子庙。

武则天圣历二年六月十九日（699年7月21日），立《升仙太子碑》。武则天御书碑文，薛稷书上、下款，刻于碑阳；薛稷书八大臣题名刻于碑阴右上方、两立碑使题名刻于碑阴上方中央、张氏党羽题名刻于碑阴左上方；钟绍京书立碑团队人员题名刻于碑阴左侧。此为第一次刻碑。

武则天圣历二年四月（699年5月）或七月（699年8月），明堂立誓。

武则天圣历二年（699）前后，时人谄媚张昌宗是王子晋后身。见于《旧唐书·张行成传》记载。

武则天久视元年五月（700年6月），石淙会饮。《夏日游石淙诗并序》摩崖立，薛曜书。

武则天久视元年六月（700年6—7月），控鹤监改名奉宸府，仍以张易之为长官，称奉宸令，下属称奉宸大夫。

武则天久视元年六月（700年6—7月）或稍后，薛曜书武则天杂言《游仙篇》诗，刻于《升仙太子碑》碑阴碑额处。此为第二次刻碑。

武则天大足元年八月（701年9月），邵王李重润与其妹永泰郡主、驸马魏王武延基私下议论张易之、张昌宗兄弟，三人于当年九月（701年10月）被赐死。

武则天神龙元年正月（705年2月），神龙政变，张易之、张昌宗兄弟被杀，武则天退位，唐中宗复位。

唐中宗神龙元年十一月（705年12月），武则天去世。

唐中宗神龙二年四月至七月（706年6—8月），懿德太子李重润、永泰公主李仙蕙、章怀太子李贤迁葬乾陵。

唐中宗神龙二年八月二十七日（706年10月8日），《升仙太子碑》碑阴中央张昌宗题名被凿，碑阴左上方张氏党羽题名被凿，此为第一次凿碑。相王李旦刊碑记刻于碑阴下方，此为第三次刻碑。

唐玄宗先天二年七月（713年8月）或稍后，《升仙太子碑》碑阴中央薛稷姓名被凿，此为第二次凿碑。

唐玄宗天宝三年二月（744年2月），《大唐嵩阳观纪圣德感应颂碑》立，李林甫撰文，徐浩书，记道士孙太冲于升仙太子庙炼丹之事。此外南宋郑樵《通志》和佚名《宝刻类编》中记载徐浩也写过《升仙太子碑》，在洛阳，已佚。

唐文宗大和四年（830）左右，河南尹韦弘景重修升仙太子庙，立有《重修升仙太子庙碑》，已佚。同一时期，韦庇题记刻于《升仙太子碑》碑阴下方。此为第一次题记。

唐僖宗乾符四年闰二月（877年3月），宰相郑畋谒升仙太子庙，留下诗碑，已佚。

唐昭宗乾宁四年正月（897年2月），河阳行军张全武修缮升仙太子庙，立有《唐升仙庙兴功记碑》，已佚。

前蜀乾德五年（923），前蜀后主王衍尊王子晋为祖先，立庙塑像。按《新五代史·前蜀世家》记载："五年，

起上清宫，塑王子晋像，尊以为圣祖至道玉宸皇帝，又塑建
及衍像，侍立于其左右；又于正殿塑玄元皇帝及唐诸帝，备
法驾而朝之。"

宋仁宗天圣四年（1026）至明道二年六月（1033年7
月），西京留司御史台赵世长倡议重修升仙太子庙。立《圣
宋西京永安县缑山通天观重修升仙太子大殿记碑》，谢绛
文，僧智成正书，王顾篆额。

宋哲宗绍圣元年八月（1094年9月），李格非于宋碑碑
侧题名。

宋徽宗政和元年二月（1111年4月），西京留守邓洵武
题记刻于《升仙太子碑》碑阴下方，此为第二次题记。

宋徽宗重和二年二月（1119年3月），张宗吴、卢功裔
于宋碑碑阴题名。

宋徽宗宣和二年九月（1120年10月），卢功裔题新升
仙祠石碣，已佚。

宋徽宗宣和四年正月（1122年2—3月），卢功裔题记
刻于《升仙太子碑》碑身东侧，此为第三次题记。

北宋后期，赵明诚《金石录》最早著录《升仙太子
碑》。赵明诚对此碑持贬义评价，将这块碑的竖立与张昌宗
联系，影响了后来一些明清文人的观点。

金海陵王正隆二年二月（1157年3月）或稍后，《升仙
太子碑》碑阴有17处"王"字（其中一处原应为"工"字）
被凿，此为第三次凿碑。

元世祖至元十五年二月（1278年3月），真大道先天宫
在缑山南麓落成，立《先天宫记碑》。杜成宽撰文，张瑜书

并篆额。

明孝宗弘治九年至十七年（1496—1504），偃师知县魏津主持编修《偃师县志》，其中最早记录了《圣宋西京永安县缑山通天观重修升仙太子大殿记碑》的文字。

明神宗万历三十五年至四十年（1607—1612），登封知县傅梅编纂《嵩书》，其中最早抄录了《升仙太子碑》碑阳全文。

清康熙二十年（1681）冬，钟国士题诗刻于《升仙太子碑》碑阴下方，此为第四次题记。

清乾隆十五年八月（1750年9月），乾隆帝巡游嵩洛，营建缑山行宫；九月（1750年10月）帝驻跸缑山，立御诗碑。

清乾隆五十一年至五十三年（1786—1788），偃师人武亿编纂《偃师县志·金石录》《偃师金石遗文补录》等著述，最早抄录了《升仙太子碑》的碑阴文字，并进行相关考证。

清乾隆五十一年至五十三年（1786—1788），毕沅编纂《中州金石记》，站在碑学书法的立场上首次肯定了《升仙太子碑》的书法。

清嘉庆元年九月至十月（1796年10—11月），黄易在丁母忧期间游嵩洛，绘《嵩洛访碑图册》24帧，其中《缑山》帧为《升仙太子碑》留下了最早的图像资料。

清嘉庆七年（1802），孙星衍《寰宇访碑录》中最早记载了《升仙太子碑》碑侧卢功裔题记信息。

清嘉庆十年（1805），王昶《金石萃编》，收录了前人对《升仙太子碑》的相关讨论，分析了碑阴文字的分布，比较了唐人题名与两《唐书》的异同。

清同治年间（1862—1875），缑山道观成为缑山书院。

清光绪三十四年（1908），偃师革命党人杨源懋于缑山南麓创办偃师缑阳警务学堂。

清宣统元年九月（1909年10—11月），韩人金秉万、李重翊题诗刻于《升仙太子碑》碑阴左上方原张氏党羽题名处，此为第五次题记。

1944年，缑山古建筑毁于战火。

1963年，《升仙太子碑》被列为河南省重点文物保护单位。

2006年，《升仙太子碑》被列为第六批全国重点文物保护单位。

后　记

一部书，是一段故事。人生的第一部书，更是一段难以忘怀的故事。

笔者对武则天《升仙太子碑》的关注，起源于2017年春季。我当时在做梳理唐代名碑的工作，在查阅网络资料的过程中，偶然看到《升仙太子碑》的网页介绍。由于自幼就对中国古代史具有浓厚的兴趣，所以一下子对这块碑刻上复杂的碑阴产生了好奇，在好奇心的驱使下，产生了深入研究的冲动。然而在进一步查阅资料的过程中却发现，当时既有的研究成果中，有价值性的参考著述并不多（其实很多古代名碑的研究现状都存在这样的问题），甚至网上连一幅完整的碑阴图片都没有，于是我开始根据一些文章中的介绍和网上仅有的几幅模糊图像，尝试进行手绘，逐渐搞清楚了碑阴各个区域的文字分布情况。

在手绘工作的进行过程中，笔者通过网络结识了洛阳传拓名家裴建平（1957—2019）先生。裴先生是《升仙太子碑》所在地河南偃师人，他曾受当地政府部门委托，直接参与了对包括《升仙太子碑》在内的诸多河南名碑的测量和传拓工作，所以对《升仙太子碑》的情况比较熟悉。第一次打通裴先生的电话时，当裴先生得知我的研究目的后，很爽快地给我发来家藏的《升仙太子碑》拓片局部细节照片，从而为我的研究提供了宝贵的图像资料。

　　在研究推进的过程中，笔者逐渐感受到现场实地调研的重要性，于2017年暑假，两次来到河南，对《升仙太子碑》、登封石淙河等地进行考察，并当面拜访裴建平先生。还记得在那个闷热的中午，裴先生在家中翻找出来《升仙太子碑》的碑阴拓片和《夏日游石淙诗并序》摩崖拓片，躬身铺展于地上，耐心为我讲解，并认真回答了我在资料收集中所发现的一些问题。后来万万没想到，这次交流也成为我和裴先生唯一的一次见面。

　　笔者的研究初稿是于2017年秋天完成，随后在2017年11月北京大学历史学系主办的"文本性与物质性交错的中古中国"研讨会上，笔者听到来自复旦大学汉唐文献工作室的唐雯女士所作的《女皇的纠结——<升仙太子碑>的生成史及其政治内涵重探》研究，并与她进行了交流。应该说唐雯女士的论文中，碑阴中央右列被凿文字仅为一奉字和碑阴左上方本无文字的两处观点，笔者并不认同，但是其文章中指出的钟绍京"题诸□等名"题记是指碑阴左侧边缘五段立碑团队人员的观点，启发了我，订正了笔者在初稿写作中所犯的一些错误，从而促成了研究第二稿的推进。

　　2019年年底，冒着寒冬天气，笔者第三次赴嵩山实地考察《升仙太子碑》，这时看到《升仙太子碑》上的铁皮门刚刚拆除不久，古碑以肃静的面孔屹立于草木凋零的土山之上，有一种清冷肃杀的气氛。等到笔者从山上下来，欲联系裴建平先生再行拜访之时，接到裴先生之子的电话，得知裴先生已于2019年春季因交通事故不幸离世，不禁心中难过，感慨万千。

　　本书本应是2021年正式出版，由于各种原因拖到了今年。回想起少年时代的阅读，总看到一些书籍的扉页上，写着致某人、怀念某人。那么除过怀念裴先生之外，还有一位与我的人生成长、学术生涯至关重要的人，就是我的父亲赵农先生。在前不久新年刚刚过完之际，父亲突然离世，最终没有看到新书出版，但是他却是我此书的第一位读者。他在人生态度、治学思想等方面对我的影响，都是十分深远的，使我终生铭记。

从笔者最初开展《升仙太子碑》研究，至今已过去五个年头，值此《〈升仙太子碑〉源流考》即将付梓出版之际，还要感谢河南美术出版社陈宁老师的热情帮助，感谢为笔者访碑过程提供帮助的洛阳市政协委员史宏章先生和偃师市府店镇府南村王宪铎支书，感谢为笔者研究中提供思路帮助的复旦大学唐雯女士和中国文物学会许力老师，亦感谢为笔者几次考察中提供联络帮助的郑州轻工业大学讲师史鹏飞博士。最后特别感谢我的授业导师尹吉男先生对我多年来的教诲和帮助！

赵汗青

初记2021年3月于北京

再记2022年3月于西安

图书在版编目（CIP）数据

《升仙太子碑》源流考/赵汗青著． — 郑州：河南美术出版社，2022.8
　（艺术学研究文丛）
　ISBN 978-7-5401-5557-5

　Ⅰ．①升… Ⅱ．①赵… Ⅲ．①碑刻－研究－中国－唐代 Ⅳ．①K877.424

中国版本图书馆CIP数据核字(2021)第167520号

艺术学研究文丛

《升仙太子碑》源流考

赵汗青　著

出 版 人	李　勇
选题策划	陈　宁
责任编辑	李　昂
责任校对	王淑娟
装帧设计	陈　宁　杨慧芳
出版发行	河南美术出版社
	地址：郑州市郑东新区祥盛街27号
	邮编：450000
	电话：(0371) 65788152
制　　版	河南金鼎美术设计制作有限公司
印　　刷	河南美图印刷有限公司
开　　本	710毫米×1000毫米　1/16
印　　张	15.5
字　　数	200千字
版　　次	2022年8月第1版
印　　次	2022年8月第1次印刷
书　　号	ISBN 978-7-5401-5557-5
定　　价	46.00元